DICTÉES DE L'ENFANCE

4-1725 Paris. — Typ. Morris père et fils, rue Amelot, 64.

DICTÉES

DE

L'ENFANCE

PAR

Mme DEBIERNE-REY

Auteur des Dictées de Grammaire, des Dictées morales et grammaticales,
des Leçons d'Éducation et de Morale.

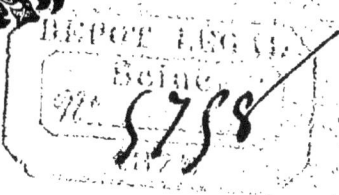

PARIS

LIBRAIRIE CLASSIQUE DE Mme Ve MAIRE-NYON,

13, QUAI CONTI, 13

—

1875

PRÉFACE

Chères institutrices, mes sœurs, c'est à vous que je dédie ce livre.

Si ces Dictées donnent quelques charmes à l'enseignement de la grammaire, si elles intéressent les enfants en les instruisant, si elles captivent leur attention, si elles vous font quelquefois sourire ; je me trouverai heureuse d'avoir semé quelques fleurs, au milieu des épines de la vaillante et noble carrière des institutrices.

L. DEBIERNE-REY.

MÉTHODE A SUIVRE.

Ce livre doit être donné à chaque enfant pour que la dictée soit étudiée avant de la faire, et par ce travail l'enfant fera très-peu de fautes, et sera, ainsi que le maître, heureux de ses progrès.

TABLE DES DICTÉES

DICTÉES
DE L'ENFANCE

DICTÉE Iʳᵉ

LA REINE GRAMMAIRE.

Chérubins roses, vous avez neuf ans, toutes vos dents, la nounou est retournée au pays, vous savez lire et écrire, le jour est donc venu pour vous de vous introduire à la cour de la Reine grammaire.

*

Ah! c'est une Reine qui règne sur le monde entier; c'est une Reine qui impose ses lois, ses règles, auxquelles il faut se soumettre; c'est une Reine qui ne pardonne pas les fautes.

DICTÉE II

LE SEIGNEUR SUBSTANTIF.

La cour de la Reine grammaire est composée de dix grands personnages et de dix un peu moins importants. Le premier est le très-haut, très-puissant seigneur substantif. Il représente les êtres, les objets.

*

Il s'appelle seigneur substantif physique lorsqu'il représente des objets qu'on voit, qu'on touche, qu'on mange.

Exemple : L'homme, la fourmi.
　　　　　L'éléphant, la maison, le pain.

*

Le seigneur substantif s'appelle abstrait lorsqu'il représente des objets qu'on ne peut voir, ni toucher.

Exemple : Le courage, l'amitié.
　　　　　La tendresse, le mensonge,
　　　　　La colère, la paix, la voix.

*

Le seigneur substantif s'appelle nom propre lorsqu'il représente les personnes, les pays, les fleuves, les royaumes.

Exemple : Louise, Paris, l'Océan.
　　　　　La Tamise, les Alpes, Henri.

*

Le seigneur substantif prend le nom de nom commun pour toutes les choses de la vie et de la nature.

Exemple : La fleur, l'âne, le château, la robe, le jour, la mouche, l'éléphant, la montagne, la souris.

DICTÉE III

LE SEIGNEUR ARTICLE.

Je vais vous dire, mes amours, une petite malice pour reconnaître le seigneur substantif.

Il a toujours avant lui un des 3 frères articles **le**, **la, les,** et ce sont les 3 petits seigneurs tout courts, qui donnent le genre et le nombre au seigneur substantif.

*

Oui, le seigneur substantif est obligé, pour faire le pluriel, d'ajouter à sa queue un **s**, c'est la règle générale, ou un **x** si la finale est eu **au** ou en **ou**.

Exemple : Le mouton, les moutons,
Le monsieur, les messieurs.
Un château, des châteaux.
Un bijou, des bijoux.

*

Vous voyez que les petits seigneurs articles font à la cour de la Reine grammaire la pluie et le beau temps, c'est-à-dire le masculin, le féminin et le pluriel.

*

Le seigneur article **le** est masculin singulier.
Le seigneur article **la** est féminin singulier.
Le seigneur article **les** est pluriel des deux genres.

Donc, vous saurez de suite, par les seigneurs articles, le genre et le nombre des seigneurs substantifs.

DICTÉE IV

LES SEIGNEURS ADJECTIFS.

Attention, attention, mes chers amours, voici le seigneur adjectif qualificatif; c'est lui qui dit toutes les qualités, tous les défauts.

Faites surtout qu'il n'ait jamais à dire que des qualités en parlant de vous.

Exemple : Les charmants enfants.
            La mère tendre et dévouée.
            La belle maison.
            Le grand homme.

*

Le grand frère du seigneur qualificatif est le seigneur adjectif déterminatif : il se charge d'exprimer la possession et s'appelle possessif.

Exemple : Mon cahier.
            Ta maman.
            Ma main.
            Sa plume.
            Mes cheveux.

*

Lorsque le seigneur adjectif déterminatif démontre

comme avec la main, il s'appelle seigneur démonstratif.

Exemple : Cette enfant.
          Ces arbres.
          Cet habit.
          Ce monsieur.

Vous voyez ! il montre les objets comme avec la
main, c'est le mot ; vous connaîtrez donc parfaitement l'adjectif déterminatif, démonstratif.

*

Le seigneur adjectif déterminatif s'appelle nombre
lorsqu'il exprime la quantité ou l'ordre.

Exemple : Deux et deux font quatre, vingt-cinq et
          vingt font quarante-cinq ; de cent, ôtez
          quinze, il reste quatre-vingt-cinq francs ;
          mille francs.

Maintenant le rang ou l'ordre.

Exemple : Tu es la cinquième.
          La première aura le prix ;
          Vous aurez la troisième part.

★

L'adjectif déterminatif est indéfini lorsqu'il déter-
mine le substantif d'une manière vague.

Chaque personne.

Exemple : Nulle dame ne viendra ;
Aucune enfant ne sortira ;
Quelle jolie fleur !

DICTÉE V

LES SEIGNEURS PRONOMS.

Lorsque les seigneurs substantifs ne veulent pas se présenter plusieurs fois, ou lorsqu'ils ne veulent pas se répéter ; ils envoient à leur place les seigneurs pronoms ; cinq bons frères, qui font tourner le seigneur verbe comme ils l'entendent. L'aîné, le pronom personnel, représente les personnes principalement.

Exemple : J'aime,   Nous aimons.
          Tu aimes,   Vous aimez.
          Il aime,   Ils aiment.

Vous voyez comment le verbe change, selon le pronom qui précède.

*

Le seigneur pronom possessif marque la possession en représentant le substantif.

Exemple : Le mien, les nôtres.
          Le tien, les vôtres.
          Le sien, les leurs.
          La mienne, la tienne, etc.
          Les miennes, les tiennes.
          La leur, les leurs.

*

Le petit seigneur démonstratif représente le substantif en démontrant comme avec la main.

Exemple : Ce, celui, cela, ceux, celles-ci, celle-là.

*

Le seigneur pronom relatif unit les mots toujours en représentant le substantif.

Exemple : Qui, que, quoi, lequel, laquelle, lesquels, lesquelles.

*

Le seigneur pronom indéfini représente le seigneur substantif d'une manière vague.

Exemple : On, quelqu'un, chacun, l'un, l'autre, personne. On vient, personne ne répond ; chacun sa part.

DICTÉE VI

LE SEIGNEUR VERBE.

Un autre grand, grand et très-puissant seigneur de la cour de la Reine grammaire est le seigneur **verbe.**

Le verbe être est la vie, l'existence, et la preuve est : que, si l'on dit : cette personne n'est plus, cela veut dire : **elle est morte.**

*

Le seigneur verbe a cinq vaillants enfants ; le seigneur verbe **actif**, qui fait l'action et qui a un régime direct.

Exemple : Je compose ces dictées.
            Cet homme bat ces enfants.

*

Le seigneur verbe **passif** supporte l'action et n'agit pas.

Exemple : Ces dictées sont composées par moi.
            Ces enfants sont battus par cet homme.

*

Le seigneur verbe **neutre** fait l'action, mais n'a pas de régime.

Exemple : Je dors. Je cours. Je marche.
            Elle tousse. Il meurt.

*

Le seigneur verbe **pronominal** est un égoïste tout à fait, il lui faut toujours deux pronoms et de la même personne avec lui.

Exemple : Je m'habille.
            Tu t'aimes.
            Nous nous amusons.
            Vous vous promenez.

Le seigneur verbe **impersonnel** est le contraire du seigneur verbe pronominal son frère ; il n'a qu'un seul pronom, et à la troisième personne.

Exemple : Il pleut. Il tonne. Il semble. Il faut.

Beaucoup d'écoliers, dit-on, ont une grande préférence, pour le seigneur verbe **impersonnel**.

DICTÉE VII

LES SEIGNEURS PARTICIPES.

Ils sont deux, enfants aussi du seigneur **verbe** ; le seigneur **participe présent**, le seigneur **participe passé**.

Le seigneur participe **présent** toujours finissant par **ant**, est un bon enfant, facile à aborder ; mais son frère, le participe passé, est tout à fait rétif, difficile à saisir.

Il faut, avec lui, faire des questions qui... quoi... qui est-ce qui ? qu'est-ce qui à l'infini ? Les mauvaises langues disent qu'il est insaisissable, impossible, perfide même ; eh bien, je vais vous dire un secret, mes chérubins roses : vous ferez toujours accorder le participe lorsque vous verrez avant lui les quatre mots qu'on appelle pronoms **personnels le, la, les, que**.

Exemple : La petite fille que tu as **vue**.

La robe **que** tu **as achetée**.

Ces livres, **les** avez-vous **lus** ?

DICTÉE VIII

LE PRINCE ADVERBE.

Que de grosses choses pour vos petites têtes, mes chérubins. Heureusement, nous rencontrons plusieurs princesses aimables, toujours les mêmes, en compagnie de l'éclatant seigneur adverbe de manière.

Exemple : Superbement.

Magnifiquement.

Admirablement.

Il est riche, ce bel adverbe ; ses frères **où**, **dessus**, **dedans**, **plus tôt**, **plus tard**, sont plus modestes.

DICTÉE IX

LES PRINCESSES PRÉPOSITION, CONJONCTION, INTERJECTION.

Voici la princesse préposition avec son accent grave **à** ; la douce princesse conjonction unissant tout le monde, et la comtesse interjection disant toutes ses pensées par un **ah** ! un **oh** ! un **hélas** !

*

N'ayez pas peur de tous ces grands personnages,
ils ne réclament de vous que de ne pas les confondre,
de ne pas les estropier, afin d'éviter les fautes ; la
Reine grammaire aime qu'on la comprenne, voire
même qu'on la sache par cœur.

DICTÉE X

PERSONNAGES SECONDAIRES DE LA COUR DE LA REINE GRAMMAIRE.

´

Voici les barons, les ducs, les comtesses, salut ! Le
baron accent aigu va toujours de droite à gauche.

`

Le comte accent grave va toujours de gauche à
droite.

^

Le bon accent circonflexe, en les réunissant tous
les deux, allonge les voyelles, et vous force d'ouvrir
la bouche toute grande.

Exemple : L'aumône.
La tempête.
Respect à l'accent circonflexe.

'

La duchesse apostrophe évite la rencontre de deux
voyelles qui se heurteraient.

Exemple : L'âme.

L'amitié.

ç

La douce princesse cédille adoucit les rigueurs du **c** devant les **a** et les **o**.

Exemple : La façon.

Les leçons.

Nous prononçons.

Il avançait.

.

Voici le seigneur point. Arrêtez-vous ; changez de ton, et mettez une lettre majuscule après le seigneur point, ainsi l'ordonne la Reine grammaire ; le point, c'est l'arrêt forcé.

,

La comtesse virgule, douce et compatissante, vous donne le temps de respirer et de reprendre haleine.

:

Le seigneur deux points vous annonce une citation, une nouvelle.

?

Si vous avez besoin de faire une demande, le bon point d'interrogation est là pour cet office.

!

Et si vous êtes effrayés, indignés, joyeux, contents,

surpris, le noble point d'exclamation vient de lui-même se ranger à côté de la princesse interjection.

DICTÉE XI

S EST LE SIGNE DU PLURIEL POUR LE SEIGNEUR SUBSTAN-
TIF ; **ent** LE PLURIEL DU SEIGNEUR VERBE A LA TROI-
SIÈME PERSONNE.

La Nuit.

La **nuit,** tout dort, le **soleil** est couché, la **lune** donne sa douce **clarté,** les **étoiles brillent,** le silence règne sur la **nature** ; les **arbres** sont immobiles, les **oiseaux** dorment dans leur nid, et le petit enfant repose dans son **berceau,** sous la garde du bon **Dieu** et de sa chère maman.

DICTÉE XII

La Tempête.

Mais lorsque la **tempête** bouleverse la nature, lorsque le tonnerre gronde, lorsque les éclairs fendent les **nues,** lorsque les vents se déchaînent, qu'ils brisent les jeunes arbrisseaux, les branches, les **fleurs,** qu'ils **couchent** les épis, qu'ils **ébranlent** les pauvres cabanes, une crainte générale s'empare de tous ; seul l'enfant dort, seul il repose, et son père et sa mère l'admirent dans son sommeil, en remerciant Dieu de sa bonté pour l'enfant.

DICTÉE XIII

N'OUBLIEZ PAS L'**S** AUX SEIGNEURS SUBSTANTIFS PLURIELS ; **ent** AUX SEIGNEURS VERBES.

Le Matin.

Le **matin** arrive... tout lentement, sans **bruit** ; petit à petit paraît le **jour**. Quel **éclat**, quelle **lumière** ! la **nuit** effraie l'enfant, le **jour** le rassure ; aussi l'enfant **accueille** le **jour** comme un **ami**, il lui sourit avec bonheur.

*

Le soleil paraît à son tour, majestueux, beau, rayonnant, tout en or... Les **yeux** ne peuv**ent** soutenir son éclat ; l'enfant veut prendre ses ray**ons** ; il les coupe, **croit** les saisir ; il **regarde** dans sa petite main... Rien... le **soleil** est impalpable, mais l'enfant **joue** avec l'astre qui éclaire le **monde** et qui le féc**onde**.

DICTÉE XIV

TOUJOURE LE PLURIEL PAR **S** POUR LES SEIGNEURS SUBSTANTIFS, **ent** AUX SEIGNEURS VERBES.

Dieu.

Qui **a** créé le **ciel**, le soleil, la **lune**, les étoiles, la terre, les fleuves, les montagnes, les mers, les arbres, les fleurs, les fruits, toute la nature ? c'est Dieu, mes chers amours, aussi il faut adorer le bon Dieu de tous vos petits cœurs.

✱

Voyez vos chères ma**mans**, elles le pri**ent** tous les jours ; il faut faire comme elles et être très-sages, très-attentifs pendant la prière... tout petits enf**ants** que vous êtes ; gravez dans votre mémoire que c'est Dieu qui a créé toutes les merveilles qui nous entou**rent,** et, tous les soirs, tous les matins, dites à gen**oux,** les mains jointes : Mon Dieu, je vous adore !

DICTÉE XV

LE SEIGNEUR SUBSTANTIF, PRÉCÉDÉ DU SEIGNEUR ARTICLE **les,** AJOUTE UN **S** A SA QUEUE. LE SEIGNEUR VERBE FORME SON PLURIEL EN **ent.**

La Prière.

Toute la na**ture** adore le bon Dieu. Dès que le **jour**

et le soleil paraissent, les petits oiseaux, sur le bord de leur nid, chantent l'hymne du matin ; les fleurs relèvent leur tête et entrouvent leur calice ; les bourgeons s'épanouissent, les feuilles secouent les gouttes de la rosée, qui brillent comme des diamants.

*

Les campagnes reverdissent, les blés croissent et mûrissent ; toute la nature salue le bon Dieu, mais en silence. Vous, mes amours, vous avez la parole ; que votre voix dise la prière et glorifie le bon Dieu.

DICTÉE XVI

TOUJOURS UN **S** AU SUBSTANTIF PLURIEL ; TOUJOURS **ent** AU SEIGNEUR VERBE A LA TROISIÈME PERSONNE DU PLURIEL.

Les Dons de Dieu pour tous.

Les dons de Dieu sont pour toutes les créatures. Le soleil brille pour les pauvres comme pour les riches ; les étoiles, la lune éclairent les nuits pour tous ; les eaux qui viennent des montagnes coulent pour les grands comme pour les petits. Quelle justice, quelle munificence ! et que Dieu est bien le père de toutes les créatures !

DICTÉE XVII

LE SEIGNEUR SUBSTANTIF AJOUTE S AU PLURIEL; LE
SEIGNEUR VERBE FORME SON PLURIEL EN ent.

Les Dons des Enfants.

Dieu est le père de toutes les créatu**res**, do**n**c les
pauv**res** sont nos **frères**... Il faut les aimer; il faut
les secourir.

Il y a des petits enfa**nts** qui entre**nt** dans la vie
sans avoir un berceau pour dormir; sans une cou-
ver**ture** pour les préserver du fro**id**. Il faut, chéru-
bi**ns** roses, que dans vos **petits** moye**ns** d'enfa**nts**,
vous les aidiez et que vous leur fassiez du bien.

*

Aux pauvres, il faut coudre de bons petits vê-
teme**nts** chau**ds**, vos points seront grands, irré**gu**liers
les premières fois, mais après quelques semai**nes**,
vous deviendrez habi**les** et avec l'aide de vos chères
mama**ns** et de vos insti**tutrices**, vous ferez de jolis
petits bonnets, de belles robes, et, semblables aux
bons an**ges** du bon Dieu, vous porterez la joie et le
bonheur dans les pauvres fami**lles**, qui souffre**nt**,
qui pleure**nt**, qui ont faim, hélas! sans avoir de
pain!

*

Et vous, chers petits messieu**rs**, de 9 ans, qui
avez de belles piè**ces** blanches, dans vos **porte**-

monnaies, faites une part grande, large, généreuse, pour vos frères, les petits enfants malheureux. Enfin, vos jouets que vous n'aimez qu'un jour, mettez-les de côté pour les pauvres bébés qui n'en ont jamais... Portez-les dans les pauvres demeures, et vous verrez comme ces chers petits enfants, battront des mains; comme ils seront heureux! et vous donc! vous serez plus heureux qu'eux encore.

DICTÉE XVIII

LE SEIGNEUR ADJECTIF, EN COMPAGNIE DES SEIGNEURS SUBSTANTIFS ET VERBE, FORME SON PLURIEL COMME LE SEIGNEUR SUBSTANTIF, EN AJOUTANT UN **S**.

La Tendresse des mères.

Autour du berceau de l'enfant, que ce berceau soit en modeste jonc ou en bois sculpté, qu'il ait des rideaux de percaline verte ou de mousseline brodée, la tendresse des mères est toujours la même.

Voici du linge blanc comme la neige, voici de chaudes couvertures, voici des bonnets ruchés qui encadrent si bien les visages des bébés, voici les capelines, les pelisses qui garantissent du froid.

*

Oh! bonnes, bonnes et chères mamans; quelle est votre tendresse, quelle est votre sollicitude, vos nuits sont de longues veilles, votre repos est perdu, n'importe, votre amour, votre dévouement sont toujours au-dessus de vos peines; et les enfants sont doucement bercés sur vos genoux des heures entières, jusqu'à ce qu'ils se soient rendormis, et quelle patience, quelle grâce, quels sourires! vous n'êtes jamais fatiguées.

DICTÉE XIX

MÊMES SEIGNEURS, MÊMES RÈGLES. **S** PLURIEL DES SUBSTANTIFS, DES ADJECTIFS; **ent** PLURIEL DES VERBES.

Les devoirs des enfants.

Vous qui êtes grands, messieurs de neuf ans, vous qui n'êtes plus des bébés, mesdemoiselles, vous ne vous rappelez plus les peines, les fatigues, les angoisses de votre jeune âge, les dents, les fièvres, les éruptions, les petites méchancetés, la tyrannie de vos jeunes années; eh bien, sachez que depuis neuf **ans**, votre papa, votre maman, vous soignent, vous gâtent, vous veillent, vous habillent, vous choient, vous adorent... vous avez donc des devoirs à remplir envers vos parents pour ne pas être des ingrats.

*

Il faut être très-bons, très-doux, très-sages, très-

obéissants et aimer le devoir tout jeunes que vous
êtes... Le devoir, qu'est-ce que cela? dites-vous, en
ouvrant vos grands yeux. Je m'en vais vous le dire,
oui, vous avez de grands devoirs à remplir, tout petits que vous êtes.

DICTÉE XX

RÉUNION DES SEIGNEURS SUBSTANTIFS ET ADJECTIFS FOR-
MANT LEUR PLURIEL PAR S ET DU SEIGNEUR VERBE
PAR **ent**.

Les sérieux devoirs des enfants.

Le premier devoir est le respect pour vos parents,
combien peu d'entre vous **remplissent** ce devoir;
combien **boudent**, combien **raisonnent**, combien se
mettent en colère. Oh! fi! c'est affreux; des enfants
que père et mère chérissent, qu'ils gâtent à plaisir,
être méchants, c'est horrible; des enfants qui ont
besoin de tout le monde et qui répondent malhonnê-
tement.

*

Des enfants qui parlent à peine et qui emploient
des expressions vilaines, c'est épouvantable; si quelques-uns d'entre vous se reconnaissent, qu'ils se
corrigent, qu'ils soient, à l'avenir, sages, obéissants,
doux, polis, respectueux.

DICTÉE XXI

RÉUNION DU SEIGNEUR SUBSTANTIF, DU SEIGNEUR ADJEC-
TIF QUALIFICATIF, DU SEIGNEUR VERBE ET DES SEI-
GNEURS PRONOMS.

DEVOIRS DES ENFANTS

**Les petits oiseaux s'aiment entre eux
et les enfants se battent.**

Vous êtes deux, trois, quatre enfants, dans la famille, frères et sœurs qui vous aimez, c'est certain,
eh bien, vos taquineries, vos querelles, vos méchancetés, vos batailles, troublent toute la maison,
comme c'est vilain ; si vos petites sœurs, vos petits
frères, beaucoup plus jeunes que vous, prennent vos
jouets, vous les leur arrachez avec violence. Ils
pleurent, leurs larmes ne vous touchent pas : c'est à
moi, voilà votre grand mot.

*

Gare aux cheveux longs de vos chères petites
sœurs, méchants garçons, c'est toujours à eux que
vous vous en prenez... Il vous en restera quelquefois
une poignée dans la main... et alors ce sont des cris,
des accusations, des menaces... Il faut que vos parents interviennent, se fâchent, et mettent l'un dans
un coin, l'autre dans un autre !!! Ne vous fâchez jamais, chérubins roses ; aimables, gentils, sont les

sœurs, les frères qui s'entendent, qui s'amusent gracieusement. Ils sont bien mignons ces chers enfants-là.

DICTÉE XXII

ent PLURIEL DES SEIGNEURS VERBES. **s** PLURIEL DES SEIGNEURS SUBSTANTIFS ET DES ADJECTIFS.

GRANDE RÉUNION

Les enfants n'aiment pas le travail; et la fourmi, l'abeille travaillent toujours.

Oui, il y a de jeunes enfants bien **doux**, bien **bons**, bien **sages**... Ah! qu'ils sont **heureux** ces **enfants**-là, et leurs parents aussi...

Mais les enfants **paresseux** qui n'aiment pas à apprendre à lire, les enfants qui **bâillent** à la vue de leur al**phabet**, ceux qui trouvent les leçons toujours trop lon**gues**, ceux qui ne pensent qu'au jardin et qui n'appor**tent** aucune attention à leurs pe**tits devoirs**. Ceux-là sont bien malheureux.

*

Ils pleurent bien souvent, les pauvres **petits** paresseux. Ils s'ennuient et n'amusent pas leur **petite maman**, ni leur institutrice. Plusieurs fois la patience a manqué échapper, et il a fallu mettre l'enfant en pénitence. Ah! comme ils sont malheu**reux**.

les petits paresseux ! ils n'ont pas de fruits, ni de confitures au dessert, ou ils sont privés de la promenade.

Chérubins roses, mettez ceci dans vos petites têtes :

Le travail seul rend heureux; la paresse fait le malheur des petits et des grands.

DICTÉE XXIII

LES SEIGNEURS SUBSTANTIFS ET ADJECTIFS SONT FORCÉS AU PLURIEL D'AJOUTER UN S. LE SEIGNEUR VERBE : **ent.**

L'ordre est un grand devoir.

Dès l'âge de cinq ans, tous les enfants doivent plier leurs effets le soir; les effets qui restent à terre ou sur les lits sont abîmés, chiffonnés, salis, le lendemain; les cahiers, les livres doivent être propres. Ah! qu'elles sont vilaines les taches d'encre, qu'on appelle **pâtés,** elles ne ressemblent guère aux petits patés chauds, que vous croquez si bien..., et vos **pauvres livres,** qui sont après tout vos gentils **amis,** quelle figure, quelle tournure, ils ont entre vos mains au bout de quelques jours. Eh bien, chaque tache d'encre dit à l'écolier : paresseux ! désordonné !

*

Et vos gentils visages, sont-ils barbouillés; les larmes sont restées noires sur vos joues, sur vos petites **mains sales**; vos tabliers blancs, vos manches blanches, de quelle couleur sont-ils! et il y a deux heures à peine, vos mères vous regarda**ient** avec délice, tant vous étiez pro**pres**, blan**cs**, frai**s** et ros**es**, allons, allons, devenez soigneux, ce n'est qu'à cette condition que vous resterez de jolis **chérubins roses**.

DICTÉE XXIV

LES SEIGNEURS SUBSTANTIFS, ADJECTIFS ET VERBES EN RÉUNION.

Le mensonge fait les joues rouges comme les coquelicots

s pluriel du substantif et de l'adjectif; **ent** pluriel du verbe.

Chérubins, mes amo**urs**, savez-vous que le rouge monte au visage des pet**its** garç**ons** et des pet**ites** fil**les** qui ment**ent**..., c'est bien vrai... Aussitôt que les enfants ne dis**ent** pas la vérité, leurs joues sont roug**es**, roug**es**... Il semble qu'elles dis**ent**, vos joues : « menteur »..., puisque les mensonges se lis**ent** sur les vis**ages**, vous ne mentirez jamais, chérubins.

*

Et encore autre chose, vos pet**ites** langu**es** qui ba-bill**ent** si bien, si fort, qu'on les appelle quelquefois *moulins à paroles*, les voilà ces petites langues bavardes, qui se brouill**ent**, qui s'embrouill**ent**, qui s'embarbouillent à ce point, que c'est tout à fait comme si elles disaient « menteur,... menteuse »...

Ah! si vous avez seulement un petit peu de raison vous ne mentirez jamais; vos **joues**, votre **langue** **disent** à tout le **monde** : Il ment.

DICTÉE XXV

LES SEIGNEURS SUBSTANTIFS, ADJECTIFS ET VERBES RACONTANT L'HISTOIRE VRAIE D'UNE DÉSOBÉISSANCE.

Chers amours, que souvent vous causez de douleurs à vos parents.

C'était à la campagne, deux jolies petites filles jouaient dans le jardin de leurs parents; elles cueillaient les petites marguerites blanches des pelouses, en faisaient des bouquets qu'elles offraient avec leurs grâces d'enfant, en sautant, en riant.

★

Une visite arrive, la société va au-devant des amis... « Viens, dit de suite l'aînée à sa petite sœur, viens au bassin prendre de l'eau pour arroser nos fleurs. — Oh! non! dit la petite, nos parents nous le défendent.—Viens, viens, reprend l'aînée en la tirant par la main, nous aurons bientôt fait, on ne nous verra pas ; tiens, voici l'arrosoir du jardinier, c'est notre affaire. »

*

Elles se tiennent par la main, l'aînée se penche, plonge l'arrosoir... glou... glou... glou, il est plein, mais si lourd qu'il entraîne les deux pauvres petites... Deux **cris** terribles retentissent, tout le monde s'élance, le père, les frères des enfants se précipitent dans l'étang, et ramènent les deux pauvres petites évanouies.

*

On les transporte à la maison, on les frictionne, on les réchauffe, trois médecins du village arrivent... Le père, la mère des enfants sont muets et pâles comme la mort... Enfin, elles poussent un soupir, ouvrent les yeux. Oh bonheur ! elles passent leurs petits bras autour du cou de leurs parents qui pleurent de joie ; et leur disent, au milieu de leurs sanglots : « jamais, oh non ! jamais nous ne désobéirons... que Dieu est bon de nous avoir sauvées ! »

DICTÉE XXVI

LES SEIGNEURS SUBSTANTIFS FORMENT LEUR PLURIEL PAR
S AINSI QUE LES SEIGNEURS ADJECTIFS, LES SEIGNEURS
VERBES PAR ent.

Ne dénichez pas les nids des petits oiseaux.

Voici de jeunes garçons, frères, cousins, amis, voisins, réunis pour passer une bonne journée de liberté

et de plaisir ; ils ont épuisé bientôt tous leurs jeux,
ils se reposent étendus dans la prairie, lorsque tout
à coup ils entendent les petits cris d'une couvée
d'oiseaux appelant leur mère ; les jeunes garçons se
lèvent d'un bond et s'écrient à la fois : un nid ! un nid
tout en haut de ce grand peuplier.

*

Je monte le dénicher, s'écrie un d'entre eux, intrépide par nature, et quelquefois en retenue à l'école,
dit-on. — C'est trop haut, disent les plus sages ! Trop
dangereux, disent les plus timides ! L'intrépide hausse
les épaules, leur sourit avec pitié, et grimpe résolû-
ment à l'arbre. Les autres d'en bas le regardent, les
uns l'admirent, l'applaudissent, l'encouragent, l'excitent ; beaucoup poussent des oh !... des ah ! lorsqu'il
vacille, et s'écrient : Descends, tu vas tomber ! Et
voici justement ce qui arrive. Un cri d'effroi retentit,
le pauvre petit intrépide manque son pied, et tombe
au milieu de ses camarades.

*

Il ne bouge plus... Il est pâle comme la mort... Ses
yeux sont fermés. Toute la bande épouvantée court
vers la maison, appelle au secours... On arrive. Hélas ! le pauvre enfant a une jambe cassée. Ah ! chérubins, évitez un pareil malheur, ce sont de si grandes
souffrances, et six longues semaines d'immobilité. Ils
ne sont plus roses, les chérubins qui se cassent une
jambe, je vous l'assure.

*

Respectez les nids des oiseaux, ô chérubins ! là, il y a des petits qui ne volent pas encore, qui ne mangent pas tout seuls ; il leur faut, comme il faut aux petits enfants, un père, une mère pour les réchauffer, pour les nourrir ; ne soyez jamais tentés de dénicher les nids des oiseaux, vous risquez vos jours, et les petits entre vos mains mourront de faim, de froid et de douleur.

DICTÉE XXVII

RÉUNION DES SEIGNEURS SUBSTANTIFS, ADJECTIFS, VERBES, PRONOMS.

Les Allumettes chimiques

Oh ! chers amours ! jamais, jamais ne touchez aux allumettes chimiques ; ces malheureuses allumettes sont la cause tous les jours de nombreux malheurs.

La maman de deux beaux enfants, gentils et roses comme vous, fut appelée par une de ses amies, voisine tout à fait, et laissa un moment ses deux enfants dans sa chambre ; l'aînée, une belle petite fille de six ans, causant avec sa poupée ; et le gros Toto, deux ans à peine, assis dans sa petite chaise avec une tablette devant pour l'empêcher de tomber.

*

Une allumette se trouva par hasard à terre, la petite fille la ramassa. « Regarde comme c'est drôle, dit-elle à son gros boulot de frère, qui ouvrit de grands yeux tout ronds ; regarde, ça fait crac ; et voici la flamme ! » Le bébé battait des mains et disait dans son petit langage : « C'est beau ! encore, encore ! » et riait. La petite jeta l'allumette en l'air, hélas ! deux secondes après le feu était aux rideaux de mousseline, et les enfants entourés de flammes.

*

Ils poussent des cris terribles, la fumée les étouffe ; la mère, les voisins s'élancent, les enlèvent de cette fournaise ; les pompiers ont grand'peine à éteindre le feu... Enfin, ils s'en rendent maîtres, mais tout est brûlé, et cela, par une malheureuse allumette enflammée, jetée au hasard.

*

La pauvre maman, recueillie dans une maison voisine, tient sur ses genoux son gros bébé ; elle l'appelle, elle le couvre de larmes, elle l'embrasse mille fois... hélas ! le pauvre gros bébé ne peut plus lui sourire, ne peut plus lui tendre sa belle petite bouche rose, ses beaux yeux sont fermés... il est mort !..

*

Sa pauvre petite sœur l'appelle, embrasse ses mains, ses joues, pousse de grands cris, tombe dans

d'affreuses convulsions ! Pendant deux années elle
se cacha à la vue de la lumière et du feu ; on ne la
vit plus ni jouer, ni sourire, et elle disait dans son
sommeil : « Mon pauvre Toto, toi que j'aimais tant,
je ne te verrai plus ! tu es mort ! » Oh ! chérubins
roses, ne jouez jamais avec les allumettes chimiques, ne touchez jamais au feu... Ils donnent la mort
aux enfants !..

DICTÉE XXVIII

RÉUNION CHEZ LES SEIGNEURS SUBSTANTIFS DES HAUTS
FONCTIONNAIRES DE LA COUR DE LA REINE GRAMMAIRE.

Monsieur le Volontaire et Madame la Lune.

Il y avait une grande réunion de belles dames en
belles toilettes, de beaux messieurs en gants blancs,
en cravates blanches, en habits noirs, claque sous
le bras. Des lumières, des fleurs, et, enfin, un grand
chanteur, venu de l'Italie, la patrie du rossignol.
Avez-vous entendu le soir chanter le rossignol, mes
chérubins?... eh bien, quand vous l'entendrez, vous
ne jouerez plus, et vous l'écouterez, tout petits que
vous êtes.

*

Le grand, grand illustre chanteur, commence son
grand air... On écoute avec admiration ; à peine ose-

t-on respirer... Tout à coup, des cris épouvantables sont poussés par le fils de la maison, petit monsieur de six ans, très-gâté par sa maman, et par delà très-volontaire.

Le chanteur s'arrête, les cris redoublent ! Alors la maman, les dames, les messieurs s'élancent, on craint un malheur ; le petit monsieur criait plus fort que jamais : « Je la veux... hi... hi... hi... hi... » et quels cris ! quels cris !... « Que faites-vous donc à cet enfant, dit aux domestiques la maman irritée, donnez-lui ce qu'il vous demande ; n'êtes-vous pas ici pour le servir. — Madame, dit le plus vieux des serviteurs en s'inclinant, M. Louis veut la lune, qui se reflète dans ce sceau d'eau ; comment faire ?»

¤

Toute la société, excepté le grand chanteur, est prise d'un rire fou ; la maman, bien vexée, furieuse, prend par la main le petit volontaire, veut lui expliquer.... Alors M. Louis se roule à terre ; pousse des hurlements, cette fois, au milieu desquels on distingue encore : « Je la veux ! je la veux ! »

*

On dit que le fouet seul, une lotion d'eau froide et le lit purent faire taire ce vilain petit garçon ; il fut malade pendant huit jours, et le médecin lui dit très-sérieusement et très-sévèrement : « Mon petit ami, si vous vous mettez encore en colère, je ne réponds pas de pouvoir vous guérir ; la colère donne des con-

vulsions, et les convulsions font mourir les enfants ! »
Quant au grand chanteur, il a juré de s'informer s'il y
a des enfants dans les maisons où il chantera. Voyez
comme un enfant volontaire fait tort à toute une génération !..

———

DICTÉE XXIX

LES SEIGNEURS SUBSTANTIFS TERMINÉS EN eau AU SIN-
GULIER AJOUTENT UN X AU PLURIEL. LES SEIGNEURS
TERMINÉS EN al CHANGENT al EN aux.

Exemple : Un bateau, des bateaux.
Un cheval, des chevaux.

Rien n'est beau comme la nature

N'est-ce pas, chérubins roses, que la nature est
belle ! quels tableaux variés elle offre aux yeux;
voici les plaines entourant les hameaux, quels nombreux troupeaux, les taureaux, les vaches, les bœufs
sont trop gros, n'en approchez pas, chérubins ; mais
les petits veaux qui font des sauts joyeux auprès de
leur mère, mais les brebis et leurs petits agneaux, les
chèvres et leurs jolis chevreaux, vous pouvez toucher leurs petits museaux, leur donner de l'herbe,
ils ne vous mordront pas...

Que c'est beau la prairie, n'est-ce pas, mes chérubins ?

★

Après que les feux du soleil sont éteints, il faut voir les troupeaux allant se désaltérer dans les eaux claires et transparentes des ruisseaux, qu'ombragent les bouleaux, les arbrisseaux,.. Avez-vous jamais vu boire les troupeaux dans les ruisseaux, au fond des coteaux... Imaginez, chérubins, que les pauvres animaux n'ont pas toujours de l'eau dans les campagnes, et il faut arriver au ruisseau... Alors les pauvres animaux plient les genoux pour atteindre l'eau, les autres attendent patiemment leur tour, et lorsque tout le troupeau est désaltéré, il reprend le chemin du hameau, broute le long des coteaux, et regagne lentement la ferme pour prendre du repos.

DICTÉE XXX

LES SEIGNEURS SUBSTANTIFS FAISANT EXCEPTION A LA RÈGLE GÉNÉRALE EN RÉUNION CHEZ LE SEIGNEUR VERBE.

La Mer.

Comment, tu n'as pas vu la mer? disait une demoiselle de 9 ans à une de ses amies. Moi, j'y vais depuis bien des années! Ah! chemin de fer, que vous avancez vite; grande vitesse, même pour les chérubins... La mer.., immense étendue d'eau salée, où se déchargent les fleuves. Là, plus d'arbrisseaux, plus

2.

de berceaux, de feuillage, plus de fleurs, plus de
charmilles; des rocs, des rochers, des galets, des
coquillages, des cailloux, des sables, des crevettes,
des moules, des crabes, des sardines et la plage! Joie
des bébés; et les vaisseaux si beaux, et les bateaux,
et les canots, et les bains dans cette mer écumante,
mouvante, montante, descendante... Vive la mer!
Elle rend forts et heureux les chérubins!!

∗

La Jetée.

Sur la jetée, qui s'avance si loin dans la mer, vous
voyez entrer, mes amours, les beaux navires, avec
leurs drapeaux nationaux; comme ils fendent majes-
tueusement les flots, ces beaux vaisseaux! la fumée
de la cheminée monte jusqu'aux cieux; les étrangers,
les badauds, les touristes saluent le navire qui a tra-
versé les flots de l'Océan; chérubins, vous ouvrez
vos grands yeux, vos voix claires et vibrantes saluent
le beau vaisseau; et vos petites mains battent de
joie! Gare au vent! Gare à vos chapeaux!!! Gare aux
bébés, le vent emporte tout.

———

DICTÉE XXXI.

GRANDE RÉUNION DES SEIGNEURS SUBSTANTIFS, ADJECTIFS, VERBES, PRONOMS.

Les Montagnes

Avez-vous vu les montagnes avec leurs plateaux de

neige? Avez-vous vu les coteaux boisés? Avez-vous
vu les poteaux indiquant la route, la **voie** aux voya-
geurs? Avez-vous suivi les tortu**eux** sentiers, qui
ont de chaque côté des précipices profonds, que
l'**œil** ne peut mesurer, et qui forcent à fermer les
yeux d'épouvante? C'est là que les chérubins serrent bien fort la main de leur papa, et n'ont plus de
voix à cause de la peur. Allez, de plus grands que
vous, enfants, ont frémi dans ces li**eux** d'épouvante
et de sublime horreur.

*

Avez-vous vu les montagnes avec leurs forêts
touffues, serrées, pressées, enlacées? Avez-vous vu
les ro**cs** monstrueux, noirs, menaçants, qui semblent
l'enfer? Avez-vous vu les gro**ttes** mystérieuses, où jamais ne pénètrent les rayons du soleil? Avez-vous vu la
source d'**eau**, tombant de roc en roc? Avez vous entendu la **voix** terrible du vent, l'écho retentissant;
avez-vous entendu le silence qui, lui aussi, fait peur
aux enfants? Oui, à neuf ans, les chérubins disent
comme nos aï**eux**, comme nos vieillards: « j'ai vu la
mer, j'ai gravi la montagne, j'ai regardé le préci-
pice; » ah! chemins de fer, que vous donnez de science
aux enfants.

DICTÉE XXXII

GRANDE RÉUNION DES SEIGNEURS SUBSTANTIFS, ARTICLES, ADJECTIFS, VERBES, PRONOMS DE LA COUR DE LA REINE GRAMMAIRE.

Le Jour de l'An.

Chérubins, ouvrez vos grands **yeux**, voici les boutiques, les étalages, les tentations, les cadeaux, les étrennes du jour de l'an. Autant de joujoux, autant de merveilles, voici les tombereaux aux barreaux de couleur, avec pelles et rateaux et attelés de deux gros vigoureux chevaux ; le charretier en sarrau, avec ses gros sabots, semble crier de sa grosse voix... gare !

Vrai, il y a des petits badauds qui reculeront devant ces chevaux lancés au galop !

*

Ici nous voyons des vaisseaux avec voiles, cordages, gouvernails, et tout l'attirail d'un arsenal ; les canons, les boulets, les ancres les haches d'abordage ; gare à l'audacieux qui oserait troubler les eaux du fier vaisseau. Qu'ils sont beaux ces colosseaux bateaux, et les mignons canots ; tous ont, au haut des mâts, les drapeaux nationaux, et la boussole qui fonctionne,.. quelle drôle de petite aiguille, elle se tourne toujours vers le nord. Demandez à vos

mamans de vous en acheter une petite, et partout,
chérubins, vous aurez les quatre points cardinaux.

*

Quoi, voici des poupées qui ferment les **yeux**, qui
remuent les mains, les pieds, qui plient les genoux,
qui tournent le **cou**, la tête?... Mais qui est-ce qui
vient de dire : papa, maman? Comment, c'est une
poupée; les poupées, maintenant, ont donc la parole, la **voix**. Prenez garde, petits enfants méchants,
que vos parents ne préfèrent les poupées aux enfants. — Oh! non, Madame, il n'y a pas de danger ;
les poupées n'auront jamais un cœur pour les aimer.

*

Voici des berc**eaux** avec des rés**eaux**, des rid**eaux**,
des oreillers, avec leurs taies brodées, des couvre-
pieds ouatés, piqués, rien n'y manque ; et les trous-
s**eaux**, les **bas**, les bottines, les pantoufles, les souliers, les caoutchoucs, les chap**eaux**, les mant**eaux**,
les bur**nous**, les capulets, les robes, les mouchoirs,
les manchettes, les fourrures. Ah! belles poupées
frileuses, prenez garde de vous enrhumer en hiver !
Des parapluies, des en-cas, des ombrelles. Eh! eh!
le joli petit nez des poupées pourrait attraper un
coup de soleil.

*

Regardez les ménages, chérubins roses, les ménages
pour faire les dînettes; voici les soupières, les cou-
t**eaux**, les assiettes, les serviettes, les fourchettes,

les cuillers, les verres, les salières, les huiliers, les
saladiers, les beurriers, les moutardiers, quel repas ! Régalez-vous, chérubins roses, et bon appétit !

*

Ah ! ceci est sérieux, curieux, voici les fermes
avec leurs chevaux à l'écurie, leurs bœufs avec leur
fléau, conduisant la charrue, les taureaux toujours
furieux, les agneaux... ils bêlent les pauvres petits...
ils marchent... oh ! prodige !... comme leurs beaux
yeux bleus sont doux, comme leur laine est blanche
et frisée, et ces jolis nœuds bleus, ces jolis colliers !

Ah maman ! dit chaque chérubin, que je voudrais
avoir ce beau mouton blanc.

*

Que vois-je ? Des lapins blancs aux yeux rouges
qui battent du tambour, d'autres noirs, gris, qui se
rabattent les oreilles en signe de pluie, c'est trop fort ;
Bon ! voici des souris qui courent, des grenouilles
qui sautent, des tortues qui marchent, des écrevisses
qui pincent, des papillons qui volent, des araignées
qui grimpent... Mais tout cela a donc la vie ?... Oui,
presque la vie, grâce à l'industrie, grâce au mécanisme. Qu'est-ce ceci ? l'arche de Noé ! Oh ! oh ! arrêtons-nous, c'est trop long... c'est toute l'histoire de
la création.

DICTÉE XXXIII

PRÉSENTATION AUX SEIGNEURS SUBSTANTIFS, VERBES, ADJECTIFS, DES SEIGNEURS **quel**, **qu'elle**, **quels**, **quelles**.

Les Livres.

Quels livres superbes pour les bébés, **quelles** riches reliures, **quelles** belles images, **quels** jolis alphabets. **Quels** bébés n'aimeraient pas à lire ces merveilles; **quels** beaux contes de fées ; **quelle** belle Histoire de France illustrée ; **quelle** ravissante Histoire sainte embellie d'images enluminées; **quels** recueils enfantins, amusants, surprenants! **Qu'elle** est drôle Mlle Lili. **Quelle** bonne figure que le général Dourakine! **Quelle** amusante histoire que l'histoire d'un âne! **Quelles** grandes leçons en images dans l'éducation du bébé de Mme Debierne-Rey.

*

Quelle curiosité, **quel** intérêt excitent les aventures de Robinson Crusoé! **Quels** prodiges font les fées ! **Quelle** puissante baguette ! Ah! si les chérubins l'avaient, comme ils seraient de suite sages et savants! **Qu'elle** est bonne et douce la petite Cendrillon; **qu'elles** sont dures et méchantes ses deux sœurs et leur mère; **qu'elles** sont attrapées quand le prince épouse Cendrillon, et **qu'elle** est la reine, et **quelle** bonne reine !

DICTÉE XXXIV

DEUXIÈME RÉCEPTION DES SEIGNEURS **quel, quelle, quels, quelles, qu'elle,** CHEZ LES SEIGNEURS SUB-STANTIFS, ADJECTIFS, PRONOMS ET VERBES.

Le Loup et l'Agneau avec trois Chérubins.

Sur le tapis **quel** groupe délicieux forment ces trois enfants regardant les images des fables du bonhomme La Fontaine ! **Quelle** méchante bête, dit le plus petit en avançant timidement son petit doigt rose ; c'est vrai, qu'il va manger l'agneau ? dit-il en ouvrant ses grands yeux tout ronds. Hélas oui ! dit la grande sœur de sept ans qui avait déjà appris la fable. Regarde, reprend le gros garçon de cinq ans, **quelles** grandes dents il a, ce vilain loup, **quelle** bouche, **quels** yeux, et il va manger l'agneau. Oh ! **quelle** méchante bête, dit le petit, en colère, et pan ! il donne un gros coup de poing au loup. L'autre l'imite et les deux poings roses, gros, gras, blancs, tombent sur le livre.

*

Prenez garde, dit la sage grande sœur, en arrêtant les bras des deux petits, vous allez abîmer l'image ; embrassez le petit agneau, cela vaudra mieux ; et les deux bébés donnent de si gros baisers, qu'ils mouillent toute la page !.. Loup et agneau en image, vous périrez sous les caresses ou les colères des bébés; mais le bonhomme La Fontaine, qui a déjà deux cents ans, ne périra jamais, et restera toujours jeune !

DICTÉE XXXV

PRÉSENTATION DES SEIGNEURS ADJECTIF ET PRONOM leur A LA COUR DES SEIGNEURS.

Deux courageux Enfants.

Deux beaux garçons de douze et de quatorze ans, fils d'un matelot, jouaient au bord de la mer ; la mer, c'était **leur** élément, **leurs** livres, **leur** existence. Ils étaient forts pour **leur** âge, **leur** épaisse chevelure flottait aux vents, **leurs** mains maniaient déjà les avirons, les cordages ; **leurs** épaules étaient larges, **leurs** bras nerveux, **leur** taille élancée, et **leur** caractère était doux et bon tout à fait. Tout à coup un cri terrible retentit, **leurs** yeux cherchent, regardent, une forme humaine passe devant eux, emportée par les flots.

★

Sans se communiquer **leurs** pensées, les braves enfants ôtent **leurs** vêtements, jettent au loin **leurs** sabots et se précipitent à la mer; les flots **leur** opposent une rude résistance, ils luttent, ils s'excitent l'un l'autre, mais **leurs** forces les trahissent, **leur** respiration se précipite ; ils appellent à leur secours, leurs voix s'éteignent, cependant ils saisissent la pauvre naufragée.

*

Un soupir s'échappe de leur poitrine. Ils soutiennent à fleur d'eau la pauvre créature évanouie ; de leurs deux bras libres ils nagent, mais le rivage leur semble bien éloigné et là nuit leur paraît prochaine. Ils rassemblent leurs forces, jettent encore une fois un cri d'alarme ; un autre cri leur répond, et leurs yeux voient un point noir sur les flots ; puis leurs oreilles recueillent ces mots : Courage ! Nous voilà !..

*

Oui, c'est leur bateau, c'est leur père, c'est leur mère, ce sont leurs amis qui viennent à leur secours. Ils sont sauvés et couchés au fond du bateau ; on leur fait des frictions, on leur fait avaler quelques gouttes d'eau-de-vie, on aborde au rivage, et mille cris de joie saluent leur retour.

*

Enfin un soupir s'exhale de leur poitrine oppressée, leurs yeux s'ouvrent, leurs bras s'enlacent, leurs larmes s'échappent avec leurs sanglots ; ils pressent leur père, leur mère, leurs amis, sur leur cœur... La pauvre naufragée remercie à genoux ses jeunes sauveurs, leur baise les mains ; et dit : « je serai aussi leur mère ! et je leur ferai un sort digne de leur courage. »

*

Et voici que le dimanche suivant les cloches font entendre leur dindon, dindon; voilà que tous les villageois, les marins, les matelots, mettent leurs beaux habits des dimanches, voilà que les pompiers endossent leur uniforme, et que le tambour bat le rappel.

*

Et voici que monsieur le Préfet, monsieur le Maire, à la tête du cortége, viennent chercher les deux braves garçons, et leur donnent devant tout le village assemblé, la médaille si honorable, si humaine, si chrétienne, des sauveteurs. Chérubins, joignez vos bravos, et dites : vivent les deux bons petits enfants courageux!

DICTÉE XXXVI

PRÉSENTATION DES SEIGNEURS ADJECTIFS DÉTERMINATIFS, **quel, quelle, ce, cet, ces, cette, ses,** AUX SEIGNEURS SUBSTANTIFS, VERBES, ADJECTIFS.

Le Jour de l'An est fête ou douleur.

Le jour de l'an, si aimé des enfants, est un jour qui a **ses** joies et **ses** peines; **ses** peines, cela vous

étonne, chérubins ; oui, **ses** peines, lorsqu'un être
aimé de tous les **siens** manque à **cette** réunion de
la famille ; **c'est** alors un jour de regrets, de larmes
et de douleur.., n'est-ce pas, chérubins ?

*

Heureuse la famille qui a tous **ses** membres réunis
pour le premier jour d'une année nouvelle ; heureux
les grands-papas, les grand'mamans qui ont **leurs**
enfants, **leurs** petits-enfants groupés autour d'eux ;
heureuses les bonnes mamans pour les**quelles** les
petites filles auront fait des pantoufles en tapisserie ;
ces ouvrages, **cette** broderie ne seront peut-être pas
parfaits, mais **quel** prix ils ont aux yeux d'une bonne
grand'mère : **c'est** l'ouvrage de ma petite-fille, dit-
elle avec fierté à **ses** amies.

*

Et **ces** petits messieurs de huit ans, ils offrent
leurs bonnes notes, **leurs** exemptions, **leurs** bonnes
places, tout **ce** gentil bagage de raison, d'étude et de
sagesse ; les grands-papas, les grand'mamans ou-
blient **ce** jour-là **leur** grand âge, **leurs** infirmités,
et ils vont chercher à **leur** tour toutes **ces** jolies sur-
prises que **leur** bonté, **leur** tendresse, ont achetées
pour **leurs** chers petits-enfants.

Voilà un 1ᵉʳ janvier de bonheur.

———

DICTÉE XXXVII

RÉUNION DES SEIGNEURS ADJECTIFS DÉTERMINATIFS CHEZ
LES SEIGNEURS SUBSTANTIF, ADJECTIF, VERBE.

Le Dévouement.

Quel âge a **cette** petite enfant ? Dix ans à peine ;
mais qu'**elle** est intelligente, qu'**elle** est courageuse!
Comment, **sa** pauvre maman est malade depuis un an
et **c'est** cette petite fille qui tient la maison ; **c'est**
extraordinaire, **quelle** attention pour sa maman,
quelle exactitude pour lui donner **ses** potions, **quel**
ordre, **quelle** propreté dans l'intérieur !

*

C'est qu'**elle** lit très-bien, **cette** bonne petite fille ;
quels progrès elle a faits en une année, **quelle** satis-
faction elle a donnée à sa maîtresse, **quelle** attention, **quelle** volonté, **quel** courage ; et **c'est** pour
faire la lecture à sa maman qu'**elle** s'**est** tant appliquée ! sois bénie, chère enfant, tu es un petit ange.

*

Lorsque le père revient de **ses** travaux, il trouve
ses repas préparés, et c'est toujours une petite sur-
prise ; une pensée qui est chargée de dire au bon
père : ta petite enfant t'aime; un ne m'oubliez-pas
qui lui dit : Je pense toujours à toi ; **quelles** aima-

bles fleurs qui disent de si jolies choses et **quelle** aimable enfant qui les fait ainsi parler !

*

Aussi **quelle** joie suprême pour la pauvre maman
malade, **quel** doux sourire sur **ses** lèvres pâles ;
quels tendres regards pour son enfant ! elle oublie
ses maux ; la pauvre mère semble tranquille et heureuse, tout le village admire **cette** aimable enfant.
Quel bon cœur, **quelle** âme généreuse, dit-on de
toute part, **quel** dévouement, **quelle** abnégation,
quelle intelligence, qu'**elle** est charmante!... Mais la
pauvre mignonne ne se doute même pas qu'on l'admire, **son** cher petit cœur fait seulement **son** devoir,
elle aime **sa** mère, elle doit la soigner, Chérubins,
vous l'aimez **cette** bonne petite fille ; ayez **ses** douces vertus, et vos mamans vous chériront plus encore.

DICTÉE XXXVIII

Les Homonymes.

Avant de commencer l'étude sérieuse du seigneur
verbe, nous allons faire la connaissance des seigneurs
homonymes, et vous apprendre à y jouer, qui plus
est ; car on appelle homonymes, des mots se pro-
nonçant de même, mais ayant une signification diffé-
rente. Eh bien, vous choisissez un mot ; et vous avez

éloigné la personne qui doit deviner ; lorsque vous êtes d'accord, vous la rappelez, et elle vous pose ces deux questions : *Comment l'aimez-vous? qu'en faites-vous?* et, d'après vos réponses, la gentille devineresse devine ou ne devine pas,.. mais ici nous ne jouons pas, quoique souvent j'en aie bien envie en vous voyant dans ma pensée ; abordons les homonymes, les seigneurs calembourgs.

Mère, Mer, Maire.

Mère c'est votre maman si bonne, si tendre.

Mer c'est l'immensité d'eau salée, ayant le flux et le reflux, et sur laquelle vont de grands vaisseaux.

Maire c'est le premier magistrat d'un village, des arrondissements dans les grandes villes, c'est M. le maire qui fait les mariages.

Père, Pair, Paire.

Père c'est votre papa, qui vous chérit.

Pair c'est le titre qu'avaient les membres de la Chambre.

Paire 2 choses de même espèce, 1 paire de gants, 1 paire de ciseaux.

Vert, Ver, Vers, Verre.

Vert   verte c'est la couleur, le vert gazon.

Ver   c'est le reptile qui fait horreur aux enfants, et qu'adorent les poules et les petits goujons.

Vers   ce sont les rimes, les fables, les compliments de la fête ou du jour de l'an.

Verre c'est le carreau, la carafe, le verre où vous buvez.

Chair, Cher, Chaire, Cher ou Chère.

Chair c'est votre petite peau blanche, c'est de la chair des animaux.

Cher   une des rivières qui se jette dans la Loire. Les vins du Cher sont renommés.

Chaire tribune élevée où parlent les prêtres dans les églises et les professeurs dans les col- léges.

Cher, Chère, la personne que l'on aime, le cher papa, la chère maman, les chères petites sœurs.

DICTÉE XXXIX

RÉUNION DES SEIGNEURS HOMONYMES CONNUS DES CHÉRUBINS.

Au moment de la guerre, M. le **Maire** a donné à ma **mère** le passe-port nécessaire pour traverser la **mer** ; nos prières n'ont pu décider mon **père**, ni mon **frère**, à partir pour la **terre** étrangère ; ils sont restés, ces **chers**, sur cette terre si **chère**, désolée par la guerre ; nous avions emporté deux **paires** de pigeons, fidèles émissaires, sous les ailes desquels étaient nos nouvelles.

A tire-d'ailes, une **paire** s'est envolée, s'est orientée, et est arrivée au colombier.

*

On dit que des faucons aux **serres** cruelles, ont été lancés contre ces **chers** messagers ; que plusieurs pauvres pigeons ont senti leurs **serres** dans leurs **chairs** ; que d'autres ont été tués par le plomb de l'ennemi.

Oh ! que les hommes sont méchants de se faire la guerre, et que Dieu, le père de tous, doit les maudire !

3

DICTÉE XL

NOUVELLES CONNAISSANCES.

Lait, Laid, Laie.

Lait ah! chérubins, comme vous l'aimez le lait des bonnes vaches ; c'est votre déjeuner du matin.

Laid c'est le contraire du beau, c'est vous, quand vous êtes méchants.

Laie la mère du petit cochon.

Lé partie de la jupe des robes.

Balai, Ballet.

Balai ustensile de ménage qui sert à balayer.

Ballet danse des théâtres.

Peau, Pot, Pau, Pô.

Peau chair des animaux et des gens, il y a des peaux d'animaux qui valent de l'or.

Pot vase, pot de fleurs, pot de beurre.

Pau ville du Midi de la France, où est né le bon Henri IV.

Pô fleuve de l'Italie au nord.

Chaos, cahot.

Chaos confusion; le monde avant la création.

Cahot secousses des voitures sans ressorts, ou causées par des routes mauvaises.

Bas, Bât.

Bas partie de l'habillement. Comment, à sept ans, tu ne sais pas mettre tes bas ?

Bât selle des ânes, où s'accrochent de grands paniers.

Bonheur, Bonne heure.

Bonheur joie, contentement.

Bonne heure de grand matin, ou, plus tôt que l'heure convenue.

Viens de bonne heure, nous étudierons notre chant avant le dîner.

*

Pain, Pin.

Pain nourriture de tous, bienfait de la munificence de Dieu. Ne jetez jamais le pain.

Pin arbre sombre qui pousse sur les montagnes et qui reste toujours vert.

Arbre consacré aux tombeaux.

Chant, Champ.

Chant don du ciel donné aux oiseaux et à certaines créatures privilégiées.
Champ campagne, nature.

Coing, Coin.

Coing fruit du cognassier qui fait de belles et bonnes confitures.
Coin angle des chambres, où quelquefois on met en pénitence les enfants méchants.

DICTÉE XLI

RÉUNION DES SEIGNEURS HOMONYMES.

Une partie de campagne de bonne heure! quel bonheur!

Levez-vous! crie d'en **bas** la fermière, son **balai** à la main ; il faut partir de **bonne heure** !

A cet **appel** matinal, toutes les croisées s'ouvrent, les bébés aux figures joyeuses s'écrient, quel **bonheur** ! Fera-t-il beau ? fera-t-il **laid** ? Il fera un temps superbe, répond la fermière ; est-ce qu'il fait jamais **laid** dans notre bonne ville de **Pau** ? Vite! vite! habillez-vous.

*

La bande joyeuse est bientôt dans la cour, sautant autour de l'âne, qui a déjà son **bât** sur le dos, et ses deux paniers, où sont entassés : le **pain** bis, les saucissons, le **lait**, le fromage, le **pot** de beurre, les œufs, le **sel**, les confitures de **coings**. Le soleil se lève majestueux ; les petits oiseaux chantent, et les enfants sautent en battant des mains, et en criant à tue-tête : quel **bonheur** !

*

Mais voici bien des malheurs avant le départ, le petit monsieur a ses **bas** sur ses talons, vite les jarretières, et où sont-elles ? Cette petite demoiselle, en voulant prendre un beau papillon aux ailes dorées, a laissé un **lé** de sa robe de mousseline, après une branche de **pin**. Le troisième pleure dans un **coin**, il ne retrouve plus son chapeau ; ce gros boulot, en tombant, s'est enlevé la **peau** des deux **genoux** ; et on appelle à grands cris un quatrième, qui s'est fourré dans le **toit** de la **laie**, pour voir le petit cochon né d'hier.

*

Plaisir ! tu es aussi fragile que le gâteau qui porte ton nom ; ce ne sont plus que pleurs, cris, grondes, pansements, compresses, raccommodages, un vrai **chaos** enfin... Mais voici que tous les malheurs cessent... le cliq, claq, cliq du fouet du postillon, le galop, les grelots des chevaux, opèrent une vraie métamorphose.

En voiture ! en voiture ! et les **cahots** du chariot, et le soleil, et la verdure, et les champs fleuris aux bluets, aux coquelicots, et les **chants** des oiseaux, et la **voix** des enfants, tout cela fait de la partie de campagne le bon**heur**, et de **bonne heure** !

DICTÉE XLII

PRÉSENTATION DE SEIGNEURS HOMONYMES
AUX CHÉRUBINS.

Voix, Voie.

Voix organe de la parole; la voix des enfants est harmonieuse comme la voix des oiseaux.
Voie chemin, la voie publique, la rue ; au figuré : il faut rester dans la bonne voie.

Croix, Crois ou Croit.

Croix supplice d'autrefois, décoration, aujourd'hui bijou que les mamans mettent au cou de leurs enfants.

Crois verbe croire, deuxième personne de l'impératif.

Souhait, Soie.

Souhait vœux de bonheur; acceptez mes souhaits
de bonne année.

Soie étoffe due aux vers à soie, soie en éche-
veau, en bobine, cordonnet, soie, crin du
porc.

Foi, Foie, Fois, Fouet.

Foi croyance, confiance, honneur.

Foie que Dieu vous garde et ceux que vous aimez,
de la maladie de foie.

Fois 1 fois, 2 fois, 3 fois.

Fouet mode heureusement passée pour les bébés;
fouet des cochers.

Cor, Corps.

Cor instrument à vent, résonnant dans les campagnes.

Corps votre petite personne; réunion de personnes
ayant la même profession.

Exemple : Le corps enseignant a été reçu
par le ministre.

Laure, L'or, Lord.

Laure nom charmant de jeune fille.

L'or monnaie du goût de tout le monde.

Lord titre donné aux grands personnages anglais.

Seine, Céne, Scène.

Seine le joli fleuve qui coule dans Paris et qui serpente avant de se jeter dans la mer de la Manche, près du Havre-de-Grâce.

Céne dernier repas de notre Seigneur Jésus-Christ, le Jeudi-Saint.

Scène action publique; il est affreux de faire des scènes; scène, la place où s'exécute la comédie.

Faim, Fin.

Faim besoin de manger.

Exemple : Les petits oiseaux et les enfants ont toujours faim.

Fin action de finir ; conclusion.

DICTÉE XLIII

RÉUNION DES SEIGNEURS HOMONYMES CONNUS
DES CHÉRUBINS.

Il gelait à pierre fendre, la **Seine** était prise, la neige tombait à gros flocons, il faisait déjà un peu sombre, une pauvre petite enfant de dix ans, le **corps** à peine couvert, faisait entendre sa douce **voix**, tendait sa petite main aux passants, faisait le signe de la **croix**, et pleurait en disant : j'ai faim... Les messieurs couraient vite par ce froid ; les dames, vêtues de velours et de **soie**, ne l'apercevaient **pas**, tant elles hâtaient le **pas** ; et dix fois la pauvre petite créature aux abois avait dit : j'ai faim... ayez pitié de moi.

*

Enfin un monsieur s'arrête, la regarde et dit : sur la **voie** publique, par ce froid, c'est rude, ma **foi**, je n'ai pas **foi** en ces **scènes** de mauvaise **foi**, mènemoi chez **toi**, et si tu mens, je te donne le **fouet**... Il prend l'enfant par la main, et ils arrivent à la pauvre demeure, où le **toit** laisse passer la pluie, le vent ; la demeure où le père était mort, où la mère, haletante, dévorée par la fièvre, était tout en émoi, par l'effroi du départ de sa pauvre petite **Laure**, de l'enfant chérie de son cœur.

*

Le monsieur décoré, car il avait la **croix**, ne donna pas le **fouet** à la pauvre petite, il lui donna une belle pièce **d'or**, il fit venir des aliments légers et **sains**, pour apaiser la **faim** de la mère et de l'enfant. Il fit réparer le **toit**, le feu brilla à souhait dans l'âtre, le médecin conjura la maladie de **foie** de la pauvre maman, et le bonheur, l'aisance, la joie rentrèrent à la **fois** sous cet humble **toit**...

Que de **fois** la mère et l'enfant pleines de **foi**, élevaient leur **voix** pour remercier Dieu, et formaient des souhaits de félicité pour leur sauveur...

Pauvre, ne perds jamais ta **foi**, le bon Dieu a ses **voies**, il entend ta **voix**.

———

DICTÉE XLIV

Saint, Sein, Cinq, Seing, Sain.

Saint les vierges, les martyrs dont vous portez les noms;

Sein poitrine, au figuré, intérieur de famille;

Cinq nombre.

Seing signature;

Sain pur, ou de corps ou d'esprit.

———

Ancre, Encre.

Ancre machine de fer à deux pointes, attachant les vaisseaux au port;

Encre composition noire ou de couleur pour écrire.

Cœur, Chœur.

Cœur organe qui ressent toutes les sensations.

Chœur réunion de chants en partie.

Dais, Dey.

Dais ornement d'église qui abrite le Saint-Sacrement dans les processions.

Dey chef de tribu en Algérie.

Chène, Chaîne.

Chène arbre superbe dont on fait les meubles, les parquets.

Chaîne réunion d'anneaux soit en fer, en or, en argent.

Vingt, Vin, Vain.

Vingt nombre, 10 et 10 font vingt.
Vin jus de la vigne.
Vain suffisant, plein de lui-même.

Comte, Conte, Compte.

Comte seigneur.
Conte histoire féerique.
Compte calcul, chiffres.

Datte, Date.

Datte fruit.
Date chiffre des évènements.

Jouet, Joie.

Jouet poupée, cerceau, joujou.
Joie gaîté, contentement.

Maure, Mort, Mord, Mors.

Maure habitant du nord de l'Afrique.
Mort la fin de la vie.
Mord verbe mordre, prendre avec les dents.
Mors partie de la bride dans la bouche du cheval.

Porc, Port.

Porc cochon, vilain animal, mais d'une grande utilité.

Port endroit où les vaisseaux sont à l'abri des vents.

Echo, Ecot.

Echo bruit répété par un effet d'acoustique.
Ecot payer sa part.

Guet, Gai.

Guet surveiller, faire le guet.
Gai content, bruyant; l'enfant est malade lorsqu'il n'est plus gai.

Coup, Cou.

Coup frapper, un coup de poing, un coup de bâton.
Cou partie du corps qui soutient la tête.

Fête, Faîte.

Fête réjouissance, solennité.
Faîte hauteur des monuments, des arbres.

Aux fêtes, les drapeaux sont hissés au faîte des monuments publics.

DICTÉE XLV

Une fête de village.

C'est la fête du village, fête du Saint patron de la commune, chérubins, éveillez-vous, le tambour bat le rappel, et appelle les pompiers sous les armes, le coq fait entendre son coricoco...

Poum... poum... poum... voici les trois **coups** de canon du vaisseau qui a jeté l'**ancre** dans le **port**, vite, chérubins, debout... Écoutez le **chœur** des enfants de **chœur**, qui entonnent leurs beaux chants religieux, voici la bannière, le **dais**, vite, vite à l'église, pour prier le bon Dieu, et pour entendre monsieur le curé, qui monte en **chaire**, suivi de son **clerc**.

*

L'office est achevé, c'est sous le grand **chêne**, que la **fête** est organisée, monsieur le **maire**, **ceint** de de son écharpe, apparaît, derrière lui est le garde champêtre, son grand sabre sous le bras, faisant le **guet**, pour calmer les gens trop **gais**. Il faut de l'ordre, même dans les **fêtes**... Regardez, chérubins, les mâts de cocagne, les joûtes sur l'eau, les courses en sac, le collin-maillard, et les prix ; quels prix magnifiques ! des **chaines**, des montres, des couverts d'argent, une carabine.

Tout le monde voudrait gagner.

Voici les marchands de pain d'épice, de coco, de
..., de toutes sortes de jouets, joie des chéru-
... et les mirlitons... donc! Qu'annonce le son du
... C'est Francoñi qui sort avec ses acrobates, cha-
marrés d'or, ses coursiers qui rongent leur mors, qui
caracolent, et qui tout à l'heure feront le **mort**, et le
saut périlleux.

*

Vingt, quatre-vingts, quatre-vingt-douze ; cent,
cent vingt ; deux cents garçons, forts et gaillards, au
risque de se casser le cou, montent au cinq mâts de
cocagne... Vains efforts ils n'atteignent pas le **faîte**
et on rit d'en bas, et quels ris!... ah! la belle **fête**!
faites ce que vous voudrez, habitants des villes, jamais vous n'aurez la **fête** du village.

*

Le soir venu, c'est la danse où tout le monde danse,
eût-on quatre-vingts ans, ce n'est pas tous les jours
la **fête**; et les pétards, les fusées, qui partent dans
les doigts et qui ratent dans l'air, et les tourniquets
qui attrapent seulement ceux qui les font tourner. Et
la parade avec Pierrot si **sot**, Arlequin si leste, et le
sauvage maure de l'Afrique, **noir** comme de l'**encre**,
qui **mord** à belles dents dans les poulets vivants, le
maure qui avale les épées, les œufs, les poignards...

Aussi personne n'oublie la **date** de la bienheureuse
fête de son village.

DICTÉE XLVI

APPARITION DES SEIGNEURS SUBSTANTIFS EN **tion** ET **sion**, AYANT L'INTENTION DE FAIRE IMPRESSION SUR L'IMAGINATION DES CHÉRUBINS.

Les bonbons

Chérubin, des bonbons, encore des bonbons, toujours des bonbons... mais ils te donneront des irrita**tions**, des indiges**tions**, plus encore, ils causeront des inflamma**tions**, des conges**tions**, c'est ma conviction... Quelle sera ton afflic**tion** lorsque le docteur qui a mission de te guérir, ordonnera la diète sans rémis**sion** et la suppres**sion** des bonbons, et à leur place des po**tions**.

*

Quelles seront tes désola**tions**, si une grande inflamma**tion** nécessite l'applica**tion** des sangsues ou des vésicatoires, quelle agita**tion**, quelle émotion, quelle appréhen**sion**, quelle afflic**tion**, quelle désola**tion** ! Et pourtant il n'y a pas de rémis**sion**, devant une consultation, il faut une entière soumis**sion**, pas la plus légère infrac**tion**.

*

Et tes parents si bons, malgré leur irrésolu**tion**, leur compas**sion**, leur désola**tion**, leur répul**sion**, à

te voir souffrir, seront forcés, en dépit de tes objec-
tions, de tes suppli**cations**, de tes désol**ations**, de
tes convul**sions**, de mettre à exécu**tion** la prescrip-
tion. C'est une rude mis**sion** à remplir; mais devant
les compli**cations** de la maladie, il n'y a pas d'hési-
tation.

*

Chérubin, mange les bonbons, les sucreries, les
gâteaux, avec la plus grande discré**tion**. Ils sont la
per**dition** des enfants, ils détruisent les plus fortes
constitu**tions**, les plus solides comple**xions**, et malheur aux enfants gourmands qui les mangeront à pro-
fusion, ils se débiliteront l'estomac, ils languiront et
jamais ils n'auront une bonne constitu**tion**.

DICTÉE XLVII

DES SEIGNEURS SUBSTANTIFS AVEC LEURS CONSONNANCES
EN ence ET EN anse.

Les deux petits savoyards.

Ils ont dès leur enf**ance** quitté le lieu de leur nais-
sance, et ont fait le chemin immense de la Savoie à
Paris, capitale de la Fr**ance**; tout jeunes, ils ont connu
la souffrance, n'ont pas mangé à leur suffis**ance**, et
ont souvent pleuré en sil**ence**, mais jamais ils n'ont

perdu l'espérance. Ils ont eu confiance dans la Providence, ils lui ont confié leur existence, sûrs qu'ils étaient de sa puissance, de sa bienfaisance.

Leur obéissance, leur persévérance, leur patience, leur confiance, ont reçu leur récompense; après cinq années d'absence, ils ont apporté l'aisance à leur pauvre mère, dont ils étaient toute l'espérance.

*

Ah! la pauvre mère, quelles étaient ses transes! elle redoutait les mauvaises connaissances et les influences, les magnificences de la grande ville, les convoitises de l'opulence... Non, l'innocence de ses chers enfants, leur intelligence, leur conscience, leurs modiques dépenses et leur petite science de l'école du village leur ont attiré partout la confiance, et leur présence au foyer auprès de leur mère, avec un peu d'aisance, est leur récompense.

La médisance dit: « Ils ont eu de la chance, » mais les hommes qui pensent disent: « Le travail, la persévérance chassent l'indigence. »

DICTÉE XLVIII

LES SEIGNEURS SUBSTANTIFS EN tion ET sion EN RÉUNION.

La pension.

Pourquoi cette appréhension de la pension? pour-

quoi cette aversion de toute application? pourquoi
cette affliction, cette désolation devant une leçon?
c'est de l'aberration de ne pas apprécier l'éducation.
Chérubin, réponds à mes questions, je te donne per-
mission de me dire tes impressions, sans tergiver-
sations ; c'est une conversation et non un sermon,
ni une punition.

*

As-tu jamais eu occasion, dans les relations de tes
parents, de rencontrer quelqu'un n'ayant eu aucune
notion d'instruction ? —'Non. — Alors veux-tu faire
exception? Rappelle-toi cette leçon : En toute occasion, en toute position, le savoir attire la considé-
ration et donne une position. L'ignorance abaisse
une nation et fait notre propre désolation; et ce
n'est pas un dit-on, c'est ma conviction; la pension
seule donne une solide instruction.

DICTÉE XLIX

LE SEIGNEUR VERBE DANS LE TEMPS PRÉSENT EN GRANDE RÉUNION AVEC LES SEIGNEURS SUBSTANTIFS.

1re conjugaison (finales)

e	es	e
J'aime	Tu parles	Il joue

Pluriel : **ons, ez, ent.**

Nous chantons, vous lisez, ils rient.

2me, 3me, 4me conjugaison

s	s	d	t
Je finis	Tu entends	Il prend	Il craint

Pluriel : **ons, ez, ent.**

L'âne.

J'aime l'âne, l'**aimes**-tu bébé? l'**aimez**-vous? chérubins. — Oui, oui, nous l'**aimons**, surtout quand
nous **sommes** sur son dos. — Je le **crois** sans peine,
mais nous **étudions** pour le moment, **laissons** donc
les parties de plaisir et **apprenez** à connaître l'âne,
il deviendra tout à fait votre ami.

L'âne est le compagnon de l'homme des champs,
qui **trotte** vers la ville à califourchon sur le dos du
bon âne. La paysanne avec son mouchoir rouge attaché sur la tête est gracieuse, assise sur son bourriquet,
elle **apporte** ainsi ses œufs, ses fromages, son beurre,
ses poulets au marché.

★

L'âne aux petites charrettes et l'ânesse et son lait.

L'âne **traîne** les petites charrettes, les voitures à
bras, bien bourrées, bien chargées, je vous **assure.**
Il **porte** le sac de blé au moulin et le **rapporte** farine
à la chaumière, on l'**attelle** à côté du cheval à la
charrue et la courageuse bête **tire** de toutes ses
forces ; son pied est sûr, il **aime**, il **choisit** les petits

sentiers, on **dirait** qu'il **veut** faire voir son adresse; mais c'est de la coquetterie vraiment. L'ânesse **donne** son bon lait aux malades qui **ont** la toux. Bonne ânesse, plus d'un enfant te **doit** sa chère maman ! plus d'une mère te **doit** son enfant !

*

L'âne sobre et savant.

L'âne **coûte** très-peu à nourrir, il **mange** l'herbe et les chardons qui vous' **donnent** des ampoules, à vous, chéris, lorsqu'ils vous piqu**ent** les mains ou les mollets.

Il se renco**ntre** des ânes savants ! vous **riez**, vous vous ré**criez**; oui, chérubins, vous verrez dans les fêtes des villages, dans les cirques, avec leur parade où Paillasse et Pierrot se **battent** et **débitent** des bêtises grosses comme des maisons, vous **verrez** des ânes qui **disent** l'heure avec le pied, qui s'arrêt**ent** devant la plus jolie dame de la société; des ânes qui **font** le mort, qui ne boug**ent** pas quand leur maître **monte** sur leur corps; des ânes qui se relèv**ent** au commandement, qui cour**ent**, qui s'approch**ent**, qui s'éloign**ent**, s'arrêt**ent**, qui obéiss**ent** au doigt et à l'œil beaucoup mieux que certains...

Oh ! non, la comparaison ne serait pas polie.

———

DICTÉE L

LES SEIGNEURS VERBES AU TEMPS PRÉSENT.

Métamorphoses de l'âne après sa mort.

Oui, l'âne mort, ses os, sa chair reparaissent dans le monde sous mille formes inconnues de vous, innocents chérubins. Le dé d'os qui pousse l'aiguille et qui coud ; le hochet d'os qu'on suspend au cou du bébé, le manche des couteaux, celui de votre ombrelle, sont les os du bon âne ; les cordes des instruments de musique, celles de l'arc, sont ses boyaux.

*

La peau de l'âne.

La peau de l'âne, cette peau si rude, si laide, travaillée, tirée, décatie, apprêtée, devient harnais, bottes d'écuyers, guêtres, porte-monnaie, et, plus fort que tout cela, le papier vélin, épais, uni, glacé, servant de tablettes sur lesquelles on écrit avec le crayon, et qu'on efface à volonté... Enfin... enfin... la peau de l'âne fait le tambour, le plan, plan, rataplan, délices des enfants, casse-tête des parents et marche en tête des régiments... Ah ! pauvre âne, tu t'attendais guère à figurer dans cette affaire, ni vous non plus, chérubins, n'est-ce pas ?

DICTÉE LI

DEUXIÈME RÉUNION DES SEIGNEURS VERBES ET DES
SEIGNEURS SUBSTANTIFS AU PRÉSENT.

La vache

La vache nous donne le lait ; que c'est bon une
bonne tasse de lait chaud qu'on trait devant vous !
Quelle belle mousse blanche, chérubins, que n'ai-je
ici une vache nourricière, je vous donnerais de suite
un bol de lait chaud. Le lait battu, fouetté, **fait** le
beurre ; le beurre, voilà encore un des bons amis des
enfants ; le beurre assaisonne tous les légumes, **fait**
la bonne soupe, les galettes, les bonnes brioches, les
bons gâteaux.

Quelle bonne dictée, n'est-ce pas, il semble que
nous mangeons toutes ces douceurs.

*

Les Fromages.

Le lait **fait** le fromage à la crême, qui demande du
sucre ; le fromage à la pie, avec son petit grain de
sel, le bondon tout rond, le Montdor, le Camember,
le Brie qui, avec le Gruyère, se disputent le prix
dans les concours, et avec les nations étrangères encore ; car l'Angleterre présente son Chester, l'Italie

offre son Parmesan, la Hollande sa Tête de Mort. Ah!
célébrités de fromages, les chérubins pleureraient
s'ils vous mangeaient, s'ils vous goûtaient seulement !

*

Le pot-au-feu et le bifteck.

La chair du bœuf et de la vache **font** le pot au feu,
mets national de la France, et ressource fortifiante,
nourrissante par le bouillon pour les malades surtout.

Le rosbif, le bifteck sont les parties nutritives
pour les personnes faibles, anémiques. Le bœuf est
bien meilleur pour vous, chérubins, petites plantes
blanches et rosées, que les gâteaux sucrés; et combien d'entre vous cependant **font** la moue et mang**ent**
du bout des dents ces choses saines, tandis que les
sucreries, les gâteaux, vous les croqu**ez** avec délices.
Comme on est injuste en ce bas monde, c'est du petit
au grand !

———

DICTÉE LII

LES SEIGNEURS VERBES AU PRÉSENT

Métamorphose du bœuf, de la vache et du veau.

Pauvre petit veau ! tu **es** tué, mangé, quelques semaines après ta naissance ; c'est vrai que ta tête or-

née de persil, de capucines, **est** servie tout entière sur un grand plat long... c'est un honneur ! Mais, pauvre petit veau, tu **tétais** encore ta mère, et tu meurs. Ne pleur**ez** pas, chérubins, c'est une nécessité de manger les animaux, sinon, ils nous manger**aient**.

Les voici assommés, ces petits veaux ; c'est leur genre de mort, on **saigne** le porc, on **égorge** l'agneau, on **assomme** les bêtes de somme... Arrêtons-nous, les chérubins sont tristes, le petit veau leur fait bien de la peine !

*

Peignes, boutons, dominos, brosses, bougies, produits du bœuf.

Le peigne qui **tient** vos cheveux captifs, le démê-loir qui les **démêle** le matin, les boutons d'os qui atta**chent** vos cols, vos manchettes, vos corsages, sont les os de ces bonnes grosses bêtes, bœuf, vache et veau... Vous leur donnerez un petit souvenir si vous jouez aux dominos cet hiver, les dominos sont leurs os. Le manche de votre rude brosse à ongles, celui de la fine brosse à dents, toujours les os de vos amis ; le suif de la chandelle, l'huile du pied de bœuf, la pommade, toujours la graisse de ces bons animaux, et enfin la bougie, qui n'a pas besoin d'être mouchée à chaque instant, comme sa sœur aînée la chandelle, qui nous donn**ait** une vraie occupation en exigeant qu'on la **mouchât** tous les quarts d'heure.

4

*

Le bœuf gras.

Savez-vous qui, avec le gaz, les feux électriques, est un des effets les mieux réussis dans nos fêtes publiques? Les lampions! eh bien, gloire au bœuf! il illumine le monde, aussi a-t-il sa fête; aux jours gras, il est couronné de fleurs, ses cornes sont dorées, les dieux, les déesses de la fable lui font cortége, une cavalcade nombreuse l'escorte, une musique guerrière le précède, la foule l'acclame, le suit, se précipite sur son passage... Rien ne l'émeut, c'est un sage... oui, il l'est, car être attelé à la charrue ou au charriot, être mangé après avoir été adoré comme un dieu par le grand peuple égyptien... Vrai, c'est une grande leçon donnée à la vanité humaine.

———

DICTÉE LIII

VERBES INTERROGATIFS.
QUE LE PRONOM SOIT AVANT OU APRÈS, LE VERBE
S'ACCORDE AVEC LE PRONOM.

Métamorphoses de la vache, du bœuf et du veau.

Quand je vous disais aux homonymes chair, chaire, cher, qu'il y a des chairs d'animaux qui valent de l'or, je vous disais vrai... vous allez le voir...

*

Sac de cuir, toi qui **portes** les dépêches, les corres-
pondances, les secrets de l'État, d'un bout du monde
à l'autre, d'où **viens-tu**?

Du bœuf, de la vache et du veau.

*

Qui **es-tu**, malle énorme qui **voyages**, qui **gardes**
fidèlement l'or, l'argent, les pierreries?

Bœuf, vache et veau.

D'où sortez-vous, chaussures innombrables, achetées, portées, usées, renouvelées, par toutes les créatures?

Du bœuf, de la vache et du veau.

*

Et toi, bâche immense, qui caches tout le charge-
ment d'un navire; bâche qu'on **jette** sur les constructions pour garantir la pierre du froid; cuir, toi qui
garnis les voitures, les banquettes, les siéges de mille
espèces, qui t'a donné naissance?

Le bœuf, la vache et le veau.

*

Et vous, mille et mille sacs, grands, petits, longs,
minces, larges, épais; et vous, étuis de chapeaux,
fourreaux de sabre, harnais, selles de chevaux, quelle
est votre origine?

Le bœuf, la vache et le veau.

*

Et vous, reliures dorées qui faites la couverture des livres, des albums, des manuscrits, des atlas, des histoires des mondes, d'où vous **tire**-t-on?

Du bœuf, de la vache et du veau.

Ah ! chérubins, lorsque vous verrez dans les campagnes paître tranquilles ces bons animaux, vous repasserez dans votre jeune mémoire leur utilité, et vous l'apprendrez à vos jeunes amis qui ne le sauraient pas.

———

DICTÉE LIV

LE SEIGNEUR VERBE AU FUTUR, L'INFINITIF DOIT ÊTRE TOUT ENTIER DANS LE FUTUR ET DANS LE CONDITIONNEL DANS LES VERBES DE LA PREMIÈRE CONJUGAISON.

La brebis, l'agneau, le mouton.

Bons animaux! vous êtes le symbole de la douceur, de la résignation, de l'innocence ; vous vous lais**serez** approcher par les enfants, ils touche**ront** sans danger votre épaisse toison; vous mangerez dans leurs mains, et vous ne les mor**drez** pas; ils vous embrasse**ront**, vous serreront peut-être un peu trop fort dans leur joie, et vos grands yeux bleus les regarde**ront** avec confiance et bonté.

*

L'agneau de Pâques.

Chérubins, on les **tuera** cependant ces pauvres brebis ; on leur **ôtera** leurs petits agneaux, qu'on **tuera** aussi, qu'on dépècera, qu'on assaisonnera, qu'on rôtira, qu'on mangera vers les fêtes de Pâques surtout. Quant aux pauvres moutons, c'est tous les jours qu'on les égorgera ; ils offriront leur **cou** au grand couteau des bouchers ; ils **iront** à la mort sans conscience du sort qui les attend, et on les **vendra**, on les **achettera**, on les **cuira** et on les **mangera** comme les petits agneaux.

*

La côtelette et le gigot.

La chair du mouton est si délicate, si saine, si digestive, que le malade entrant en convalescence mangera, digèrera parfaitement une côtelette. Le gigot cuit à point est une chose délicieuse ; quelques fins gourmets aiment la gousse d'ail dans la souris... —Ah ! ciel ! une souris dans le gigot, nous n'en mangerons plus. — Rassurez-vous, ce n'est point la souris qui **ronge** tout, qui **court** si vite et qu'attrappent les chats ; non, la souris du gigot est le muscle charnu qui tient après l'os du manche ; pour quelques-uns c'est le morceau favori, pour d'autres, c'est la queue. Des goûts et des couleurs il n'en faut pas disputer.

DIGTÉE LV

La brebis, l'agneau, le mouton dans la plaine.

Quel ravissant spectacle pour les yeux que les troupeaux dans les prairies! qu'ils sont beaux ces verdoyants coteaux où les moutons paissent tranquillement! qu'on aime à voir les champs émaillés de fleurs, coquelicots, marguerites, bluets, coucous. Jeunes et vieux, grands et petits, riches et pauvres, tous sourient à la prairie, au troupeau ; comment le vieux berger arrivera-t-il à ne pas perdre de moutons? Enfants chéris, ce sont les chiens qui en sont les vigilants gardiens ; ils courront après la brebis égarée qui s'est éloignée, ils la harcelleront, ils la mordilleront, ils la poursuivront et la ramèneront au troupeau.

*

L'INFINITIF DANS LES VERBES DE LA PREMIÈRE CONJUGAISON DOIT ÊTRE TOUT ENTIER DANS LE FUTUR ET DANS LE CONDITIONNEL.

Le chien gardien des troupeaux.

Bons chiens, après leur tâche remplie, ils japperont, aboieront, sauteront de joie, remueront leur longue queue et viendront recevoir une caresse auprès du maître. Ils n'en demanderont pas davantage et retourneront, vaillants gardiens, guider, soigner, garder le troupeau. La nuit, dans les champs, ils ne dormiront que d'un œil; ils veilleront, ils craindront l'ennemi, homme ou loup, et quand ils entendront le moindre bruit, ils gronderont, dresseront les oreilles, ramperont, s'avanceront prudemment, et tout à coup s'élanceront, fondront sur l'ennemi, le déchireront, l'étrangleront et sauveront leurs moutons.

DICTÉE LVI

LES SEIGNEURS VERBES AU FUTUR EN RÉUNION CHEZ LES SEIGNEURS SUBSTANTIFS, VERBES ET ADJECTIFS.

Les moutons sur la grande route.

Chérubins, les moutons, peut-être par timidité, ne se séparent jamais, quelque obstacle qu'ils rencontrent; et comme jamais on n'a pu leur faire comprendre de faire place, tout le monde a été forcé de dire: « Laissons-les passer. » Et les rois, les rois eux-mêmes, devant qui tout s'incline et se range, les rois ont dit: « Lorsque nous, roi de France, d'Angleterre, d'Espagne, etc., (les moutons sont les mêmes partout); lorsque nous, **Roi**, nous rencontrerons un troupeau de moutons, nous nous arrêterons, nos carrosses se rangeront, nos gardes à cheval et à pied céderont la voie, nos nobles attendront et le troupeau passera. » C'est très-sage, car on écraserait les moutons sous les roues des carrosses, on les foulerait sous les pieds des chevaux, que le troupeau ne se dérangerait pas.

DICTÉE LVII

PRÉSENTATION DES SEIGNEURS VERBES TERMINÉS EN **ier, yer, cer, ger.**

Métamorphoses du mouton, le savon, la bougie, les manches de couteaux, les lorgnettes.

Si nous songeons aux produits que donnent les os, la graisse, la peau de la brebis, de l'agneau, du mouton, nous les plaçons au premier rang des animaux utiles.

Voyons, examinons, étudions, apprenons, jugeons, apprécions, car il faut que vous deveniez savants, et qu'alors vous voyiez, vous examiniez, vous étudiiez, vous appreniez, vous jugiez, appréciiez, et que vous n'oubliiez pas surtout. L'industrie tire du mouton la bougie, le savon; vous savez, le savon qui fait blanches les petites mains des chérubins; tous les objets en corne, poires à poudre, peignes, manches de couteaux, lorgnettes.

Allons, bon! voici le mouton à la comédie et regardant la lune.

*

Les soufflets, les gants, les agendas, les bottines.

Le mouton donne des soufflets. Ne cachez pas vos joues! des soufflets qu'on achète et qui ravivent le feu à demi-éteint. Du mouton, se **tire** le parchemin; oh! oh! si je ne me trompe ce sont les titres de noblesse. Pauvre innocent mouton tu ne song**eais** guère à cela en broutant ton herbe. Chérubin, lorsque tu essaie**ras** des gants, que tu les met**tras**, que tu les regarde**ras**, que tu te réjoui**ras** de les voir si justes à **ta** main, tu songe**ras** au petit agneau, au petit chevreau, ce sont leurs peaux molles et délicates qui prêtent ainsi ; et à tes pieds, tes chaussures si molles sont aussi du chevreau; ton petit porte-monnaie, ton gentil agenda, que tu as reçus avec tant de joie, c'est encore la peau du bon mouton, du petit chevreau, de l'innocent agneau.

*   .

LE SEIGNEUR VERBE AU PRÉSENT.

Le mouton à l'armée.

Voici le mouton qui **part** en guerre comme M. de Malborough ! chaque soldat **dort** sur sa peau de mouton, qui le **gare** de l'humidité de la terre', et qui lui **tient** chaud, c'est la laine du mouton qui **fait** l'épaulette de la troupe, qui gar**nit** le dolman des hussards, qui cons**titue** la chabraque des colonels.

4.

Que d'honneur ! que d'honneur ! O ! innocents moutons !

*

L'industrie et la peau du mouton.

Cher mouton, on t'achète, on te **tond**, on te **tue**, on te **mange**, ta peau se **vend**, car rien ne se **perd**, grâce à l'industrie, et ta peau s'apprête, s'étend, se **tanne**, se **teint**, se **taille**, se **coupe**, se coud, se colle, se **dore**; ta toison, cher mouton, est une toison d'or, n'est-ce pas, mes trésors ?

DICTÉE LVIII

Suite des métamorphoses de la brebis, de l'agneau et du mouton.

La laine.

Ce n'est **pas** près de finir, le chapitre du mouton ; non, l'étude n'en **est** pas close. La laine **joue** un si grand rôle dans le monde! c'est la laine **qui vêt**, qui **couvre**, qui **habille** l'humanité ; la laine est la toison du bon mouton, chérubins roses; le bon petit matelas doux et moëlleux sur lequel tu **dors**, c'est la laine du mouton, lavée, peignée, cardée, cousue entre deux toiles,

Bien malheureuse est la créature qui ne **dort** pas sur un matelas; **aide**-la si tu peux à le racheter, ce matelas créé pour le repos, la fatigue, et la douleur.

*

La laine en couvertures.

La laine du mouton **fait** les couvertures de laine si blanches, si limoneuses du lit, les couvertures de voyage à double face, où s'étalent, se **marient** les plus belles nuances, les plus éclatantes couleurs, la couverture grise qu'on **appelle** couverture de cheval. Ah ! combien de créatures sont heureuses de l'avoir pour se garantir du froid. Nos braves soldats n'en **ont** pas d'autres au camp.

*

La laine en vêtements.

La laine **fait** le drap, le molleton, la flanelle, qui **deviennent** habits, par-dessus, redingotes, jaquettes, manteaux, pantalons, pèlerines, gilets, carricks ; pour les messieurs, la laine fait le cachemire, le mérinos, l'alpaga, l'orléans, le stoff, l'escaut, la serge, qui se **transforment** en robes, confections, corsages, caracos, vêtements, manteaux, burnous, casaques, pour les dames et les enfants.

★

La laine en châles.

La laine inépuisable **apparait** en châles carrés, en châles longs aux riches dessins, aux riches couleurs,

c'est le cachemire français ; il est plus souple que le
cachemire de l'Inde, mais comme il est moins cher,
il est démodé et bien moins apprécié; la laine du
mouton fait le tartan aux carreaux, grands et petits,
aux belles nuances nettes et tranchées ; ce châle-là
est de toutes les parties de campagne, on l'attache
avec sa courroie, on le plie, on l'emporte, et le soir
on le déplie, on le **met** sur soi et on n'attrape ni
rhume, ni froid.

*

La laine en étoffe et tapis.

La laine du bon mouton **fait** les tapis, les moquettes,
les foyers, les descentes de lit, les feutres, que de
choses utiles, chérubins ! mais attendez : la laine fait
les tentures d'appartement, les rideaux, les reps, le
damas, le velours, les ciels de lit, les banquettes, les
fauteuils, les chaises, les canapés, les divans, les tête-
à-tête...

*

La laine en tricots.

La laine du mouton filée, moulinée, tordue, **fait** les
innombrables tricots portés par tout le monde en
hiver; elle **fait** les bas de laine, que les petites filles
accus**ent** de démanger, de piquer; et les camisoles et
les bonnets de laine, et les gilets, et ces mille tricots de
fantaisie, châles, fanchons, couvertures, des berceaux
de bébés. Que de choses **créées** par la laine, chérubins!

*

La laine en tapisseries. Les Gobelins.

Voici les tapisseries, les Gobelins en tête, les Aubussons, les Beauvais; — mais ce ne sont pas des tapisseries, ce sont des peintures. — « Si fait, répondent les Gobelins, nous sommes créés par la laine du mouton et l'industrie de l'homme. » — C'est pourtant vrai... chérubins, il faut voir la manufacture des Gobelins. Le modèle, une peinture, est derrière l'ouvrier, une petite glace la reflète, et vous **verrez** les fils tendus de la tapisserie où passent et repassent mille bobines de toutes les couleurs. Vous n'en croirez **pas** vos yeux; demandez qu'on vous **mène** aux Gobelins, la première manufacture du monde.

*

La laine en ouvrages à l'aiguille.

Qu'est-ce qu'on **entend**? qu'est-ce qui appelle? qu'est-ce qui **crie**, et quels cris? Ce sont les tapisseries au métier et à la main; voici des monceaux de bandes, de coussins, de calottes, de pouffs, de tabourets, de prie-dieu, de cache-nez, de bretelles, de cordons de sonnette, de tapissières, de portières, de franges, d'effilés, de galons, tous enfants de la laine du mouton.

Oh! mouton! mouton! que de merveilles tu donnes à l'humanité. C'est après ces dictées, chérubins, que vous allez aimer le mouton.

DICTÉE LIX

GRANDE RÉUNION DES SEIGNEURS VERBES AU PASSÉ, AU
PRÉSENT, AU FUTUR, ET DES AUTRES SEIGNEURS DE
LA COUR DE LA REINE GRAMMAIRE.

Le cochon.

Vilain nom, vilaine conformation, vilaine figure,
petits yeux affreux, groin ou museau repoussant avec
deux trous noirs, immenses oreilles pendantes; gro-
gnement discordant, peau rose, recouverte de crins
qu'on appelle soie, crins blancs, gris ou noirs, durs
et secs, queue mince sans poils, retroussée et retournée en rond; petits pieds noirs, pointus; affreux por-
trait en un mot. De plus, appétit grossier, glouton, se
rassasiant dans les ruisseaux fangeux... Vilain porc !
vous écriez-vous, chérubins. Attendez, attendez, tout
à l'heure, vous allez le trouver à croquer.

*

Le porc fait la bonne soupe.

Le porc est la plus grande ressource de la campagne, parce qu'il **coûte** peu à nourrir, et qu'on le
sale, qu'on le **fume**, et qu'il se conserve; donc on a
toujours dans le cellier le morceau de lard, le petit

salé pour faire une bonne soupe et un bon repas. Au retour de la chasse, il faut voir les plus grands seigneurs dévorer la soupe aux choux et au lard! c'est plaisir à voir.

*

Le réveillon.

A Noël, on **tue** le porc engraissé de l'année; c'est une fête dans la ferme et dans les châteaux ; et le réveillon! qui ne se le **rappelle,** le réveillon bénit qui **réunit** les familles après la messe de minuit ?... Ah ! c'est là, au réveillon, que **trône** le boudin qui **fait** trouver si bon le petit vin du cru.

Réveillon, conserve-toi dans nos campagnes, **réunis** toute la famille autour de l'aïeul vénéré, et **transmets** à la génération qui s'élève les traditions qui **font** une seule fête des fêtes pieuses et des fêtes de la famille.

★

FUTUR.

Le jambon, les ballons.

Chérubins, je **parie** que vous savou**rez** une tranche de jambon rose; eh bien, le jambon est la jambe de notre vilain porc... Quel commerce immense se **fait** des jambons! Il a ses renommées, ses gloires; le jambon d'York n'**a** pas de rival dans le monde. Je **gage** que vous saute**rez** de joie si l'on vous **achète** un ballon, eh bien, ce ballon c'est la vessie du porc; comme vous regarderez s'élever dans l'air votre ballon, comme vous sauterez de joie, comme vous battrez des mains jusqu'au moment où, par une inadvertance quelconque, le ballon s'échappera, s'envolera, montera, disparaîtra dans les nuages! Qui pleurera? qui restera coi, ébahi? qui se désolera?... Ah! ce ne sera pas vous, vous êtes trop sages pour cela.

*

FUTUR.

Le Saindoux.

Le porc est bien utile, personne ne le niera, l'ouvrier se régalera toujours d'un cervelas avec sa miche de pain; qui ne savourera la fine saucisse, plate ou longue, le saucisson à l'ail ou sans ail, et les pieds de cochon truffés, et le petit salé, et le jambonneau; et qui discutera l'excellence du saindoux, qui fait les pommes de terre frites, joie et mets favori des enfants; le saindoux, qui fait de la tranche de pomme le beignet, de la pâte liquide les crêpes qui sautent et se retournent dans la poêle? Allons, le porc ne vous paraît pas si laid, n'est-ce pas, chérubins? car vous aimez les crêpes.

DICTÉE LX

RÉUNION DE TOUS LES SEIGNEURS.

Métamorphoses du cochon après sa mort.

Soie, brosse, balai, pinceau.

Chérubins, savez-vous que c'est la soie du porc **qui coud** vos chaussures? Ah! Il est bien gentil, le porc, de coudre vos souliers et de les recoudre. J'étais sûre que vous l'**aimeriez**, ce pauvre animal, à cause de son utilité; son crin est le crin de la brosse qui **lisse** vos cheveux; c'est le crin de la brosse qui **fait** luire vos chaussures, de la brosse qui **frotte** et **fait** briller les parquets; c'est le balai qui **balaie**, qui **nettoie**; c'est la tête-de-loup qui **secoue** la poussière et qui **dérange** les araignées des angles des murs et des plafonds; les crins, ah! ah! chérubins, ce sont les pinceaux des peintres. Que dites-vous de ceci? Pauvre porc! le voici réhabilité auprès des chérubins.

*

La ceinture de sauvetage.

Attendez, vous allez l'aimer maintenant cet animal immonde; sa vessie, s'adaptant à une ceinture, **constitue** la ceinture de sauvetage qui soutient à fleur d'eau les naufragés. N'est-ce pas que vous l'aimez ce bon sauveteur, et que sa laideur disparaît devant son utilité?

*

Le tambour de basque.

Quelquefois il **fait** l'agréable, le folâtre. Ah ! c'est trop fort! dites-vous. Le voici en tambour de basque, avec ses grelots, s'agitant, se baissant, se relevant, et résonnant sur le genou, sur le coude, sur la tête, sur le poing, dans les gracieuses danses espagnoles; danses mimées, vraies pantomimes.

Ah ! pauvre porc, de ton vivant on ne t'aurait pas cru apte à la danse !

*

Les truffes.

Je vous **confierai** tout bas que le porc est vorace, glouton, mais l'esprit de l'homme est fin... et voici le parti que l'adresse de l'homme a su tirer du vilain défaut du porc.

Dans le sud-ouest de notre chère France, exist**ent** **des** plaines incultes, marécageuses, qui exigent des échasses pour les traverser, mais qui récèl**ent** une vraie richesse : la truffe!

Ce sont les cochons, imaginez-vous, qui, en étant très-friands, très-gourmands, la chercher**ont**, la flai-rer**ont**, la humer**ont**, la trouver**ont**, la déterrer**ont** et ne la manger**ont** pas; les gardiens leur assèn**ent** un bon petit coup sur le museau, le cochon grogne, s'éloigné, et recommence ses recherches. Ah! pauvre porc! tu n'es pas trop bien récompensé pour nous donner la truffe!

*

Les concours agricoles.

C'est fini, lorsque nous rencontrerons des porcs, nous ne leur donnerons plus de vilaines épithètes, nous ne pourrons pas leur dire qu'ils sont beaux, mais nous apprécierons leur utilité et nous nous rappellerons qu'ils sont une partie inhérente de la ferme, une ressource immense, indispensable, et qu'on le paie au poids de l'or... Oui, mes chérubins, il remporte des prix aux concours agricoles... et connaissez-vous ses chances pour l'emporter sur ses rivaux ; c'est, mes amours, lorsqu'il est le plus plus gros des plus gros de tous les plus gros porcs...

Là vraiment, le mérite se mesure à l'aune.

DICTÉE LXI

GRANDE RÉUNION DU SEIGNEUR VERBE IMPÉRATIF ET DES AUTRES GRANDS SEIGNEURS DE LA COUR DE LA REINE GRAMMAIRE.

Le ver à soie.

Viens ici, chérubin; avance avec précaution, crains

d'écraser ce précieux ver à soie. — Quelle horreur, cette affreuse chenille! — Chérubin, ne te **récrie** pas, **assieds**-toi, **écoute**, **prête**-moi une minute d'attention. Ce ver est une des plus grandes merveilles que Dieu a créées; lorsque tu **auras** compris, saisi son existence, **publie**-la, répands-la, et tes jeunes amies s'extasie**ront** à leur tour; **fie**-toi à moi, **écoute**, tu **seras** ébloui d'une telle merveille.

*

Transformation du ver à soie.

Je t'apprend**rai** donc, chérubin, que ce ver, que tu qualifie**s** du nom d'affreuse chenille, est un trésor qui donne autant d'or que la plus riche mine d'or... Cette affreuse chenille s'appelle ver à soie, car il file la soie, il s'en enroule, se **pelotte** dans son cocon, s'y enferme, s'y restreint à n'être pas plus gros qu'un grain de café, et ne **bouge** plus jusqu'au jour où de chrysalide il devient papillon, **crève** sa prison, **pond** ses œufs en quantité, et **meurt** le même jour!

Que dites-vous de ce miracle incroyable, mes chérubins? et toute la soie qu'on **use**, qu'on **porte**, qu'on **coud**, qui habille, ne vient que du ver à soie... Quel prodige, n'est-ce pas!

*

Projet sur le ver à soie.

Comprends-tu, chérubin, n'es-tu pas saisi d'étonnement? **Va**, **va** raconter ceci à tes petits amis, apprendsleur à adorer le bon Dieu dans les merveilles qu'il a créées; ils comprendront, ils s'extasieront, ils désireront élever des vers à soie; nous en achèterons, les feuilles de mûrier les nourriront; nous les soignerons bien, ces précieux vers à soie; nous assisterons à leur transformation ; nous déviderons les soies des cocons, nous les vendrons et les vers à soie nous initieront à une des plus grandes merveilles de la création.

*

Produits du ver à soie.

On la filera cette soie, on la teindra, on la tissera, on la moulinera, on la pelotera, et les étoffes de soie se fabriqueront sur les métiers; les rubans nous raviront, les cordonnets nous serviront, coudront, feront des crochets; les soies floches broderont, celles d'Alger se marieront parfaitement à la laine; les soies plates feront éclore des broderies ravissantes, et toutes les merveilles qui naîtront sous nos yeux nous feront dire : Que Dieu est grand dans toutes les œuvres qu'il a créées! la terre, le soleil, l'humble ver à soie, attestent sa grandeur, proclament sa bonté, sa munificence.

DICTÉE LXII

RÉUNION DES SEIGNEURS VERBES ET DES AUTRES SEIGNEURS.

Métamorphoses de la soie de l'humble ver à soie.

D'où **venez**-vous, rayons immenses de soieries, réunissant par centaines de mille les pièces de moire, de velours, de satin, de taffetas, de reps, de faille, de popeline, de marceline, de levantine, de gros de tours; nous ven**ons**, répond**ent** sans hésitation ces merveilles, nous ven**ons** de l'humble ver à soie, **qui** se **fait** papillon pour donner ses œufs et mourir le jour même. Il faut qu'on **voie** de telles merveilles pour y **croire**, n'est-ce pas, chérubins?

*

Toilettes dues au ver à soie.

D'où **vient**, petite enfant chérie, la robe de soie rose qui **sied** si bien à ton teint, le ruban qui **retient** ta chevelure bouclée; d'où **sort** ta ceinture où les couleurs se mari**ent** ou tran**chent** si joliment? Quelle est l'origine de ton ombrelle, de ton en-tout-cas, de ton petit parapluie? D'où **sort** ta cravate bleue, gentil garçon? Réponds, répond**ez** tous; hésiter**iez**-vous?

n'auriez-vous pas compris? Nous savons! nous savons! s'écrient à la fois les chérubins, nous devons
tout cela aux pauvres vers à soie.

*

Étoffes du ver à soie.

Ah! s'il pouvait parler, ce pauvre ver à soie, n'au-
rait-il pas le droit de dire: «C'est moi qui **vets** les
reines, c'est moi qui consti**tue** les robes des empereurs de la Chine et du Japon, mes deux patries; et
quelle soie! quel damas! des étoffes brochées, gau-
frées, qui se tien**nent** debout; n'est-ce pas moi, ver
à soie, qui **suis** l'étoffe brillante des ameublements où
s'asse**yent** les impératrices et empereurs, les rois,
les reines, les princes, les princesses, les comtes, les
comtesses, les ducs, les duchesses, les ambassadeurs,
les ambassadrices, les archiduchesses, les archi-
ducs.

*

Vêtements venant du ver à soie.

Chérubins, rappelez-vous tous que robes, manteaux, vestes, châles, pèlerines, pelisses, chapeaux,
gilets, ceintures, rubans, cravates, fichus, dès qu'ils
sont en soie, n'ont d'autre origine que le pauvre ver
à soie, l'affreuse chenille, disiez-vous avant de le
connaître; je ne crains plus, chérubins, que vous l'é-

crasiez, que vous le méprisiez. Non, la science nous a appris son utilité, sa valeur réelle ; et cette merveille que Dieu a **créée** a pour jamais acquis votre respect. Ah ! quelle belle chose que l'étude, que la science! vous en voyez la preuve.

*

Le ballon.

Mais quelle foule ! on jetterait une épingle dans le Champ de Mars qu'elle ne tomberait pas à terre ; voici des milliers de créatures, hommes, femmes, enfants, qui se pressent, se poussent, se serrent, se coudoient, et qui rient, qui regardent en l'air, qui battent des mains, qui s'agitent, qui ondulent comme les flots de la mer ; qu'est-ce donc ? C'est le ver à soie qui, sous la forme d'un immense ballon, s'**élance** dans les airs emportant dans sa nacelle cinq créatures, l'aéronaute et ses **amis**, le parachute, le lest, des vivres ; c'est le ballon qui monte droit, majestueux, aux acclamations de la foule ; le ballon qui disparait dans les nuages.

Oh ! que tu **es** enflé, que tu es grand, que tu **es** gros, cher petit ver à soie. Salut ! te voici élevé au-dessus du monde entier !

*

Les décorations.

Enfin, humble, très-humble ver à soie, n'es-tu pas la décoration qui **brille** à la boutonnière du légion-

naire, n'entoures-tu pas la taille de l'officier supé-
rieur, celle du magistrat ; alors tu représentes la loi ;
ne traverses-tu pas la poitrine des rois en t'appelant
grand cordon, et n'es-tu pas le drapeau de la patrie
que le soldat défend jusqu'à la mort ? O pauvre,
ô humble ver-à-soie, tu **es** une des plus grandes merveilles que Dieu a **créées**, et tu **dis** à tous sa munificence, sa puissance qu'égale seule sa bonté.

DICTÉE LXIII

PRÉSENTATION DES SEIGNEURS PARTICIPES PRÉSENTS ET ADJECTIFS VERBAUX AUX SEIGNEURS DE LA COUR DE LA REINE GRAMMAIRE.

Le cheval.

Quel bel animal, combien de fois en passant auprès
de beaux chevaux, les regardant effleurer la terre de
leurs pieds légers, n'avez-vous pas dit: « Maman, regarde, quel beau cheval ! » Oui, cette tête intelligente
et fière, cette crinière flottante, cette croupe gracieuse, cette queue traînante, cette robe... chérubins,
vous ouvrez vos grands yeux, vous n'avez jamais vu
les chevaux en robes comme les petits bébés ? non, la
robe du cheval c'est sa peau, avec ses crins lisses,
soyeux, noirs, marrons, gris, bais, blancs, café,
jaunes. Oui, le cheval est un bel et bon animal, capa-

5

ble d'attachement, intelligent, courageux, et travaillant jusqu'à la mort.

*

Les courses.

Qui est-ce qui est content par un beau dimanche au soleil riant, d'entendre son papa et sa maman disant : « Il fait beau temps, allons aux courses, elles seront brillantes ; » c'est alors qu'on voit les chérubins riant et sautant ; vous êtes trop jeunes, mes amours, pour apprécier le but utile et important des courses ; pour vous, vous ne voyez que des coursiers vaillants, courant, s'élançant, se devançant et atteignant le but ; quelle émotion dans cette foule haletante, acclamant le vainqueur ! quels cris étourdissants !

*

Les jockeys.

Comme vous suivez attentivement ces jockeys aux couleurs différentes, voyantes, éclatantes, excitant leur coursier du geste et de la voix, les cinglant de leur cravache, enfonçant leurs éperons dans leurs flancs, se soulevant de la selle, se haussant sur leurs étriers, se couchant sur le cou de la bête, s'accrochant à leur crinière abondante, se maintenant ainsi contre le vent, l'élan, le courant, et perdant quelquefois l'équilibre, tombant, se blessant, se tuant dans cette course vertigineuse !

*

Les prix.

Les jockeys, les maîtres du cheval vainqueur sont contents en empochant de grosses sommes d'argent comptant; le cheval, haletant, hennissant, frappant du pied la terre, secouant sa belle tête, réclame aussi la récompense de sa victoire. Devinez quelle elle est? chérubins... Un, deux, trois, vous ne devinez pas... eh bien, mes amours, c'est... un petit morceau de sucre dont il est très-friand. Bon et innocent cheval, toi seul ignores ta valeur et celle du prix que tu viens de gagner.

*

Le travail des chevaux.

Regardez-les, ces bons chevaux courageux, traînant les haquets, gravissant les montagnes, se faisant traîner dans les descentes, transportant à grandes distances des pierres de taille effrayantes de grosseur, des charpentes colossales, et le fer, le plomb, la farine, le foin, la paille, et jusqu'aux locomotives sortant des ateliers; les voici traînant toutes ces charges exhorbitantes et tirant de toutes leurs forces, suant, écumant, haletant, mais jamais ne se rebutant.

*

Le travail des chevaux.

Toutes ces boîtes roulantes : diligences, omnibus, voyageant à longues distances en tous sens, ces mille voitures, calèches, coupés, phaétons, cabriolets, fiacres, milords, paniers, char-à-bancs, bracks, ce sont les bons chevaux qui, en traînant tout cela, transportent ainsi journellement hommes, femmes, enfants, choses, ustensiles, paquets.

Honneur! honneur aux chevaux!

*

La Société protectrice des animaux.

Il vieillit, ce bon, ce noble animal, tout vieillit ici-bas, la nature seule est toujours renaissante, éclatante, fleurissante, éblouissante ; les jeunes, les fringants coursiers d'autrefois, qui les reconnaîtrait vieux et laids? traînant lentement, tristement, les charrettes, les tombereaux, les tonneaux d'arrosage, et tombant trop souvent sous la main brutale des charretiers, qui, jurant, déchirant leur bouche sanglante, les frappant du manche de leur fouet, leur donnant des coups retentissants, sont vraiment bien méchants. Aussi a été créée la Société protectrice des animaux, protégeant les pauvres bêtes, punissant les méchants d'amende et d'emprisonnement; c'est bien juste et vous ne voulez pas qu'on batte les bons chevaux; n'est-ce pas, chérubins?

*

Le cheval du régiment.

Le cheval joue un grand rôle dans les armées, dans les guerres; les généraux, les colonels, l'état-major, les chirurgiens, les vétérinaires, les aides de camp, sont tous à cheval, même dans l'infanterie, mais dans la cavalerie, il faut voir les régiments, dragons, hussards, lanciers, canonniers, cuirassiers, ces régiments splendide! Et le train, ce sont les canons, les caissons, quel tapage! quel train! Ah! il n'a pas volé son nom. Tout cela est bien beau à voir les jours des revues, des parades! Quel coup d'œil! quelles évolutions! Quel imposant spectacle! Que c'est beau à voir!

*

La guerre.

Mais lorsque c'est la guerre, oh! cachez-vous, chérubins, que vos mères vous emportent loin du carnage, ces flots de sang inondant la terre, ces soldats expirant, ces hommes, ces chevaux, fuyant, dégoû-

tants de sang, tombant, mourant, expirant. Non ! ces
tableaux effrayants, ces scènes désolantes ne sont pas
pour les enfants, elles font horreur même aux hommes courageux et vaillants !

DICTÉE LXIV

LES SEIGNEURS PARTICIPES PRÉSENTS ET ADJECTIFS VER-BAUX EN SOCIÉTÉ AVEC TOUS LES SEIGNEURS DE LA COUR DE LA REINE GRAMMAIRE.

Métamorphose du cheval après sa mort.

Le cheval tombant, ou s'embarrassant le pied, se
cassant la jambe, est un cheval perdu; valût-il dix
mille francs, on l'abat... La jambe cassée est ingué-
rissable; mais pour les autres maladies, les chevaux
ont leurs médecins qu'on appelle vétérinaires. Les
pauvres chevaux toujours courant par tous les temps,
s'arrêtant, se refroidissant, la pluie les mouillant, le
froid les gagnant sont très-sujets aux fluxions de poitrine, aux rhumatismes; aussi sont bien prudents les
cochers leur jetant au repos une couverture sur le
flanc. Qui donne cette couverture ? Tous les chérubins à la fois : — La laine du bon mouton. — Bravo !
bravo ! mes amours ! vous voici des savants.

*

Les gros souliers.

La vieillesse ôtant les forces aux pauvres chevaux, ils ne peuvent plus travailler, on les abat, on les tue, et l'industrie s'emparant de leur dépouille, l'utilise comme vous l'allez voir.

La peau du cheval fait le cuir, les gros souliers aux semelles épaisses d'un doigt pour les charretiers, les rouliers, les paysans, les pauvres, les chasseurs, les collégiens ; puis les bottes si montantes des postillons, ces bottes montant jusqu'aux genoux.

*

Le cheval méchant.

Le cuir des chevaux fait les brides où s'attache le mors, les dirigeant, les guidant, les faisant tourner à droite et à gauche ; le cuir fait le fouet l'aiguillonnant le châtiant, le corrigeant, car il y a des chevaux méchants, s'emportant, se cabrant, ruant, donnant des coups de pied, et mordant ; le cuir du cheval fait la cravache, le cinglant, la cravache de l'écuyer ou de l'amazone... Pauvres chéris ! voici bien des choses surprenantes, et intéressantes à caser dans vos petits cerveaux d'enfants ; c'est beau la science, n'est-ce pas ?

*

Produits de la corne.

La corne du sabot des chevaux ; ne cherchez pas
la corne à la tête, comme aux bœufs, aux vaches, aux
veaux ? non, c'est aux pieds, chérubins, qu'est la
corne du sabot du cheval ; cette corne, travaillée, se
transformant en manches de brosses, en manches de
cannes, en manches de couteaux, en peignes pour
les gens, pour les chevaux, est d'une grande utilité,
n'est-ce pas ? oui, il faut qu'on peigne, qu'on brosse
ces poils, cette robe brillante, cette crinière flottante,
cette queue traînante, rivalisant presqu'avec les cheveux des enfants.

*

Soins donnés aux chevaux.

Oui, il faut des soins vigilants et constants au
cheval. Avez-vous jamais vu le pansement des chevaux des régiments, c'est très-intéressant. Les chevaux sont reconnaissants, patients, obéissants, et je
sais des enfants se plaignant, boudant, pleurant
quand on les peigne ; ils auront honte à l'avenir, les
chérubins méchants, et ils ne voudront pas avoir
moins de sagesse et de raison que leurs bons amis
les chevaux, ils les imiteront et comme eux seront
reconnaissants, patients, obéissants à l'avenir.

*

Le crin.

Les crins courts, rembourrant les chaises, les fauteuils, les canapés, les divans, les sommiers, sont
très-utilisés; les crins de la queue, de la crinière, s'al-
longeant, se rejoignant, s'effilant, s'amincissant, font
les lignes, qui, en attrapant les petits goujons, les
ablettes, font de succulentes fritures.

Voici donc notre bon ami le cheval mort pêchant;
c'est déjà joli; mais un moment, vous allez le voir
donnant des concerts ravissants, exécutant des danses
entraînantes et orchestrant des opéras.

Ah ! bon cheval ! bon cheval ! quelles merveilles
tu fais après ta mort.

*

La musique par le cheval.

De quoi sont faits les archets élégants, brillants,
voltigeant sur les cordes de violons? De quoi les cordes elles-mêmes du violon, si vibrantes, rendant des
sons ravissants, touchants, entraînants, sont-elles
faites? Des boyaux du cheval, mes chérubins. Les
cordes de crin des pianos cassant souvent sous le
dépit des enfants méchants et impatients, celles des
basses-tailles, aux sons ronflants, retentissants, re-

muant le cœur, faisant peur aux petits enfants, toujours ces cordes sont les boyaux du cheval.

*

Les instruments à cordes.

Et ces harpes élégantes que les doigts blancs et
effilés de nos grand'mamans pinçaient en **s'accompa-
gnant** de tendres chants; ces cordes sont **faites** des
boyaux du cheval et de ceux du chat; et les cordes
des lyres, des guitares, boyaux toujours de chevaux.
Donc c'est le cheval qui donne au monde le concert,
la danse, l'opéra, l'harmonie; qui s'en serait douté?

*

Les os du cheval.

Nous voici jouant au jeu de jonchets... Os du cheval; les fiches, les jetons de toutes les couleurs, os
encore du cheval; le bleu de Prusse donnant une légère teinte azurée au linge; sang du cheval, le cirage
noircissant les chaussures, les faisant luire, **os** du
cheval; la colle forte, os du cheval encore; la gélatine
donnant forme et consistance aux gelées, aux confitures, os du cheval toujours. Bon et noble animal,
quels services immenses, tu rends pendant ta vie!
quels services immenses tu rends après ta mort !

Ah ! j'oubliais. Chérubin, si tu enfiles des perles pour te faire une bague ou un petit panier, tu sais à qui tu devras le brin de crin qui te sert. — Oui ! oui ! de la queue ou de la crinière du cheval. — A la bonne heure, voici les chérubins qui sont des savants.

DICTÉE LXV

APPARITION ET PRÉSENTATION DU SEIGNEUR PARTICIPE PASSÉ, VOUS SAVEZ, LE DIFFICILE, LE TRACASSIER, TACHEZ DE LE SAISIR. PREMIÈRE RÈGLE : ACCORD AVEC LE SUBSTANTIF COMME LE SEIGNEUR ADJECTIF. DEUXIÈME RÈGLE : AVEC LE SEIGNEUR VERBE **être**, ACCORD TOUJOURS AVEC LE SUJET.

Le coton.

Ici plus d'animaux ; un arbre, un arbrisseau, une herbe donnent naissance au coton, seulement l'herbe est deux fois grande et haute comme vous, mes chérubins de neuf ans. Le coton est une des munificences du bon Dieu ; vous savez, mes amours, que c'est Dieu qui a créé toute la nature, eh bien, toute cette nature **créée** atteste sa puissance et sa bonté. Les cotons blancs ou jaunes, supérieurs ou inférieurs, poussent en quantité prodigieuse dans tous les pays chauds : Asie, Afrique, Amérique, Antilles, à deux mille lieues d'ici. Ils sont **cueillis**, **mis** en balles, embarqués sur les navires, déchargés dans nos ports, **vendus**, achetés, lavés, employés, tissés, travaillés, revendus sous toutes formes ; comment après tous ces trafics, comment après avoir passé par tant de mains le coton est-il à si bon marché ? c'est **dû** à l'abondance immense du coton. Il y a des plaines plus grandes que la France plantées de cotonniers.

★

La récolte du coton.

Est-ce la neige qui est tombée sur ces plaines immenses ? Quelle blancheur éblouissante ! Non, ce sont les flocons du cotonnier qui sont **sortis** des valves et qui sont épanouis, prêts à être cueillis. Quelle blancheur ! quel éclat ! quelle quantité prodigieuse ! quel admirable spectacle ! Les yeux en sont éblouis, le cœur en est **ému**. Que Dieu est bon !

★

La cueillette.

Les travailleurs, hommes, femmes, vieillards, enfants, sont levés bien avant le soleil ; tous nu-pieds, vêtus à peine, sont munis de corbeilles, de paniers aux mille formes diverses ; les cotons sont cueillis, entassés, pressés, dans les paniers et apportés en triomphe à la case, et à l'habitation au milieu des ris, des joies, des chants ; car une belle récolte, de tout temps et en tous pays, est une joie, un bonheur pour tous.

La Sieste.

A midi, lorsque le soleil a paru dans tout son éclat, les travailleurs se sont retirés dans la case, ils se sont **mis** à l'ombre, se sont endormis, se sont reposés, et n'ont repris le travail que lorsqu'à son tour le soleil s'est éclipsé et s'est couché au-delà de la mer ou de la montagne.

★

L'ouragan.

Mais quel désastre lorsque la tempête éclate au moment de la récolte du coton ! les vents sont déchaînés, l'ouragan a tout dévasté, les arbres sont ébranlés, secoués, déracinés, les flocons de coton emportés en tous sens, l'air en est obstrué ; ils sont roulés dans la poussière, souillés, mouillés par la pluie, entraînés vers les ruisseaux changés en torrents et entraînés à la mer. O ! douleur, tout est perdu !

★

L'ouragan de l'Amérique en Europe.

Hier ils étaient tous ravis de bonheur et d'espé-

rance les habitants de ces riches contrées ; aujour-
d'hui, ils sont anéantis ; hier la cueillette animée était
une fête ; aujourd'hui tout est perdu, ce n'est que larmes, que désespoir ! Et en France, en Europe, les
malheurs de l'ouragan seront sentis comme là-bas ;
nos manufactures, privées de coton, ne travailleront
plus, des milliers de famille seront privées de pain, et
l'ouragan étendra jusqu'à nous ses ravages !

*

Vente des cotons.

Les cotons, chérubins, sont, comme nous l'avons
dit, cultivés en Amérique, en Asie, en Afrique et dans
les Antilles ; ils sont mis en balles, c'est-à-dire en
gros paquets carrés, ficelés ; ils sont chargés sur des
navires marchands et apportés dans nos ports ; nos
manufacturiers sont renseignés sur les cours, les cotons sont achetés, transportés dans nos usines où ils
sont travaillés, métamorphosés en pièces de calicot,
de cretonne, de madapolam, de percale, d'organdis,
de jaconas, de nankin, de bazin, de nanzouk, de molleton, de mousseline, de brianté, de cotonnade, de
percaline.

★

Le velours de coton.

La belle et douce couverture de coton, c'est le coton que vous avez vu cueillir à deux mille lieues de la France. Eh ! mais, voici les cotons émancipés, les voici devenus velours ; que va dire le soyeux, le riche, le royal velours de soie? Les velours de coton ont toujours été reconnus inférieurs comme beauté, mais leur solidité est bien appréciée ; les enfants sont très-bien habillés avec le bon et bon marché velours de coton, et tous les honnêtes porteurs d'eau de la brave Savoie se sont toujours trouvés très-beaux avec l'habillement complet du bon et solide velours de coton.

★

Les étoffes du coton en toilettes.

Toutes les étoffes qui sont fabriquées grâce aux cotons, restant blanches ou écrues, sont telles que les a données la matière première, mais elles sont teintes et imprimées, lustrées, glacées, apprêtées, et alors s'appellent indiennes ; elles sont toujours bon marché, quoique variées, claires, foncées et réussies à merveille; et les percales, quels dessins étudiés, quelles fleurs groupées, qu'elles sont jolies, éclatantes, fraîches et gracieuses, les toilettes de percale de l'été!

★

Les étoffes du coton en ameublements.

Les rideaux de perse si brillants, si variés, les cretonnes imitant le cachémire, d'autres avec leurs bouquets, leurs guirlandes, leurs rayures, leurs teintes plates ou tranchantes, leur fond rouge, noir, blanc, gris, vert, bleu, meublent les chambres à coucher, les salons mêmes à la campagne, et sont d'un effet charmant.

*

Les stores.

Les stores, c'est toujours le coton, les stores s'abaissant, se relevant devant les glaces sans tain, c'est-à-dire sans vif-argent, cachent la vue de la chambre voisine et garantissent des rayons du soleil ; que l'art de faire des stores est avancé ! les peintures sont exécutées d'une manière supérieure.

Il semble que les fleurs soient réelles et prêtes à être cueillies.

*

Les trousseaux des petites demoiselles.

Vos courts jupons, vos pantalons brodés, vos chemises enjolivées, vos bonnets de nuit, tout cela c'est le calicot, le madapolam, la percale, produits du coton ; vos cols, c'est le jaconas, enfant du coton. Qui a fait chaudes vos pèlerines ; vos pelisses, qui les a rendues si bonnes ? la ouate, c'est-à-dire le coton : qui a fait si chauds vos couvre-pieds piqués, vos courtes-pointes ? le coton toujours, mes chérubins.

★

L'habillement de l'ouvrier.

Maintenant votre science vous donne le droit de dire à votre bonne : « Votre tablier de coton bleu, votre robe de cretonne, c'est le produit du cotonnier, qui est cultivé sous un soleil de feu à deux mille lieues d'ici ; au jardinier vous direz : « Votre blouse, votre cravate, ont dû leur naissance à la belle fleur du cotonnier qui ne s'est épanouie que sous les rayons de feu du soleil des Tropiques... Et le brave homme, étonné, vous fera raconter l'histoire de sa cravate et de sa blouse : et votre explication ne sera pas perdue, elle sera répétée et profitera, je vous l'assure.

★

Les tricots.

Vos bas, de quoi sont-ils faits ? vos gilets, vos tricots d'où sont-ils venus? vos gants de fil d'Écosse, les gants de la troupe ?... du coton, chérubins, et les bonnets avec leur cascamèche si en honneur dans la brave Normandie, que les femmes en ont fait leur coiffure; tous ces produits si recherchés, si utilisés, si indispensables, c'est toujours le coton qui leur a donné naissance, les cotons filés, moulés, tordus, plats, pelotés ou en écheveaux, sont métamorphosés en fils à coudre, à repriser, à broder, à marquer.

*

Les cotons à coudre.

Qu'il est doux le coton à broder, qui se marie avec
la fine batiste, avec la mousseline délicate et légère !
qu'il est moelleux ce coton plat, se séparant par brin
et passant en reprises dans la toile usée... une belle
reprise, c'est joli et admiré ; et le coton à marquer !... c'est lui qui assure la propriété. Il faut qu'il
soit bon teint, pour que sa mission soit remplie ; vous
les avez admirées, ces jolies petites pelotes rouges
si bien rangées dans leurs petites boîtes carrées, ayant
l'alphabet collé sur le couvercle, pour être copié par
les chérubins. L'Angleterre est bien renommée pour
ses cotons ; et, pour les machines à coudre, il a été
créé des cotons d'une solidité bien constatée.

*

Le coton, coulisses, rubans.

Le coton fait les ganses, les lacets, les coulisses,
les rubans de percale, les tresses, les galons, les
effilés, les torses, les embrasses, les glands... les
tulles si légers, si bien brodés, si bien réussis par les
métiers, que les valenciennes vraies sont à peine re-
connues des fausses.

Et dire que ces cotons ont crû, ont poussé à

2,000 lieues d'ici, qu'ils sont importés bruts ; travaillés, métamorphosés, vendus et qu'ils sont restés à bon marché... Où la cause peut-elle en être trouvée ? la cause, c'est la fécondité incroyable du cotonnier. Adorez Dieu, chérubins, dans les œuvres qu'il a créées, et admirez l'industrie des hommes qui a su les utiliser.

DICTÉE LXVI

LES SEIGNEURS PARTICIPES PASSÉS EN RÉUNION CHEZ LES AUTRES SEIGNEURS DE LA COUR DE LA REINE GRAM-

Il faut faire accorder le participe employé avec **avoir** avec le substantif, lorsqu'il est précédé des pronoms **le, la. les, que**.

Le Papier. La feuille à un sou.

Pour le papier, ni animaux, ni arbres, ni herbes ! D'où viens-tu donc, papier ?

Avez-vous jamais pensé, chérubins, à ce qu'est le papier, d'où il est venu, qui l'a créé, qui l'a fait ?...

Cette bienheureuse feuille coloriée à un sou, couverte de soldats si bien alignés, cette feuille chérie de tous les bébés, cette feuille qu'ils ont regardée avec délices, cette feuille qu'ils ont découpée, collée,

et qui les a charmés pendant la maladie et la convalescence qui les ont tenus éloignés des jardins et
des fleurs. Quoi! cette feuille aimée vous n'avez pas
su d'où elle est venue, vous n'avez pas eu la curiosité
de dire : Feuille chérie, qui t'a faite, d'où viens-tu?

★

La Feuille dorée, les devoirs, la musique.

Et pourtant les premiers bâtons que vous avez tra-
cés, c'est le papier qui les a reçus, les verbes que vous
avez copiés, c'est sur un cahier vergé que vous les avez
écrits, les compliments que vous avez offerts au jour
de l'an ou à la fête de vos parents, c'est sur une belle
feuille dorée que vous les avez moulés, les premiers
essais en dessin que vous avez faits où les maisons
sont de travers, où les arbres ont toujours ressemblé
à des balais, c'est sur le papier que vous les avez
crayonnés ; cette musique que vous avez lue, déchif-
frée avec tant de peine, n'est-elle pas imprimée sur
le papier ? et vous ne vous êtes jamais demandé :
Feuille de papier, qui t'a créée? Feuille de papier,
d'où es-tu sortie ?

✢

L'indifférence des bébés.

Vous êtes étonnés de votre indifférence, de votre
insouciance, chérubins, n'est-ce pas? allons, cher-

chez... avez-vous trouvé? N'avez-vous jamais demandé le mot de l'énigme à votre papa, à votre maman? eux qui ont étudié, qui ont vécu, vous l'auraient **dit**.

Eh bien, chérubins roses, cette chose que vous avez ignorée jusqu'ici, je suis heureuse qu'elle vous soit apprise par moi, car je désire beaucoup qu'elle vous soit connue... Je vous l'aurais déjà **dite**, mais j'avais espéré que vous l'auriez devinée. A la première dictée, la chose vous sera révélée.

Les livres, les comptes, les affiches, les cartes affiches, les journaux.

Chérubins, ces papiers à grands formats qui sont appelés in-quarto, tels que vous **les** avez **vus** dans le chœur des églises pour chanter au lutrin, tels que vous **les** avez **vus** chez les banquiers, dans le commerce, ces livres appelés **grands livres**, ils sont plus hauts que vous. N'avez-vous pas eu l'idée de savoir leur origine ?

Les papiers immenses, collés sur les murailles, et qui sont appelés affiches ; d'autres, doublés de calicot, où sont dessinés les pays, les mers, les montagnes, et qu'on a de tous temps appelés cartes. Ces papiers imprimés chaque jour, répandus dans l'univers, les journaux **lus**, prêtés, jetés, vous ne vous êtes pas demandé : Qui donc vous a **créés** ?

*

Le papier de tenture, le papier commun, le papier à lettre.

Et ces papiers qu'on a fabriqués en rouleaux et qui sont destinés à cacher les murailles, ces papiers couverts d'oiseaux, de fleurs, de dessins ravissants, et qui sont aunés ou plutôt mètrés comme les étoffes... et qui sont **faits** même pareils ; et les papiers destinés aux pains de sucre, et ceux qui de tous temps ont enveloppé les paquets ; et ces papiers qu'on a nommés papier à lettre et qui ont franchi les mers, les pays, qui ont apporté les nouvelles, qui ont **fait** ou plaisir ou douleur. Comment, chérubins, vous ne vous êtes pas inquiétés d'eux, vous les avez employés, vous les avez même, quoique tout petits, fait marquer à vos initiales, et vous n'avez pas **su** d'où ils sont **venus** !

*

Les papiers de valeur, le papier timbré, le billet de banque.

Et le papier timbré ! ah ! chérubins, ce papier-là a **eu** de tous temps une importance immense... Il est consacré aux actes que la loi a enregistrés, aux titres qu'a créés la propriété, aux contrats qu'on a signés, et il a **eu**, de tous temps encore, la fonction de faire payer les dettes contractées ; et la source d'une puissance pareille est restée ignorée des chérubins ! et le papier qui depuis deux siècles a valu l'or, l'a égalé, s'est échangé sans difficulté, ce papier qu'on a bap-

tisé du grand nom : **Billets de banque** Eh bien, tout
or qu'il vaille, son origine est la même qu'à tous les
papiers ; tous, tous, grands ou petits, beaux ou communs, épais ou minces, insignifiants ou or, tous viennent, devinez, devinez... des vieux chiffons.

DICTÉE LXVII

LES SEIGNEURS PARTICIPES PASSÉS EN RÉCEPTION.

La manufacture de papier.

Oui, tout ce qui a servi, tout ce qui a été porté,
usé, jeté, est ramassé, acheté, vendu, et est, après un
travail aussi ingénieux qu'habile, transformé en papier. Vous n'avez jamais vu une fabrique de papier,
chérubins? les ouvriers, les ouvrières sont assis devant
des casiers, où sont apportés les vieux chiffons qu'on
a triés, car les étoffes de couleur, celles imprimées,
teintes, n'ont jamais donné que des papiers communs.
Donc, les chiffons blancs qu'on a apportés aux ouvriers sont coupés, hachés menu menu, par les femmes et les jeunes filles attachées à la fabrique. Pauvres créatures, que de poussière elles ont dû avaler,
que de dégoûts elles ont eus à surmonter !

*

Le chiffon devenant papier.

Les chiffons hachés sont jetés dans des cuves, où des eaux fortes les ont bientôt réduits, consumés, et où un mécanisme les a battus, pilés, délayés à n'en plus faire qu'une pâte claire, une eau épaissie. Réduite à cet état liquide, cette pâte coule doucement sur des cylindres chauds, superposés en pentes douces et réunis par des couvertures; du premier au cinquième cylindre, vous voyez cette eau qui s'est épaissie, qui a séché, qui a pris corps, devenir le papier.

★

Tout le travail qu'a coûté le papier.

Ces papiers, des presses préparées les ont au fur et à mesure pressés, cylindrés, glacés; d'autres mécaniques les ont ébarbés, taillés, transformés en ces mille grandeurs, mille formats, que vous avez vu acheter ou que peut-être vous avez déjà achetés vous-mêmes, tout petits que vous êtes.

Remarquez-vous quel travail, quelles peines a coûtés le papier, et n'êtes-vous pas étonnés de le voir resté à un prix presqu'insignifiant. C'est la matière première qui a peu coûté; et quelle est cette matière dernière? Tout ce qui a servi, tout ce qui est usé, tout ce qu'on a jeté et qui a été ramassé dans la hotte des chiffonniers. O coton... coton... c'est toi qui es le père du papier ! Honneur ! honneur ! au coton.

DICTÉE LXVIII

LES SEIGNEURS PARTICIPES PASSÉS CHEZ LES AUTRES SEIGNEURS DE LA REINE GRAMMAIRE

Le verre.

Les vents se sont déchaînés toute la nuit, la pluie, la grêle ont fouetté les vitres, le tonnerre a grondé, la maison a tremblé sur ses bases, les éclairs ont embrasé le ciel. Nous étions effrayées tout à fait, nous nous sommes mises à genoux, nous avons prié; nos bonnes, atterrées, éperdues, ont poussé des cris, se sont évanouies. Quelle nuit ! bon Dieu ! Lorsque l'aurore a paru, que le jour a lui, l'orage avait cessé; nous avons regardé nos jardins; hélas ! ils étaient massacrés, défoncés, les branches des arbres arrachées, les feuilles hachées, éparpillées, roulées; les nids des petits oiseaux submergés et les jeunes couvées mortes et noyées.

*

Le verre arrête la tempête.

Tant de désastres au dehors, rien dans la maison, qui donc nous a protégées de l'inondation ? qui donc

6

s'est opposé à la trombe? Rien, presque rien, la chose
la plus fragile qu'on ait vue, la chose la plus facile à
être cassée, brisée, mise en mille morceaux, la chose
la plus mince, la plus transparente, invisible presque
si elle est nettoyée, claire et nette... le verre.

*

Le verre à la tempête.

Oui, la vitre ou le carreau qui fait closes les fenêtres, a dû dire il y a longtemps au froid, à la pluie,
à la grêle, aux vents, aux tempêtes : « Arrière, messieurs, mesdames, vous n'entrerez pas dans la maison. Depuis des siècles vous avez eu pour domaine la
nature entière, vous avez dévasté les plaines, détruit
les moissons; vous avez soulevé la mer, englouti les
vaisseaux, gelé les vignes et les gens; arrière, respectez la maison; c'est moi, verre, créé par l'homme,
formé du sable et de la soude, pour défendre sa demeure; c'est moi qui la défendrai... » Je vous assure
que les vitres ont eu cette nuit à soutenir une rude
bataille; elles l'ont gagnée, pas une goutte d'eau n'a
pénétré dans l'intérieur.

*

Le verre gardien. — Le verre et l'électricité.

Vous avez compris l'utilité des carreaux aux fenêtres, vous aurez bientôt saisi, chérubins, leur utilité
pour les devantures des magasins; là, ils ont la charge
de garder l'étalage contre les voleurs, et cependant

rien n'est poltron comme le carreau ; au premier
coup de canon, si les croisées sont restées fermées,
patatras ! voici tous les carreaux qui sont brisés et qui
tombent à terre en mille et mille morceaux. Quand
vous aurez grandi, et que vous aurez étudié, vous
apprendrez ce qu'est l'électricité qui casse ainsi les
vitres.

*

La glace.

Le verre est métamorphosé en glace lorsque le vif
argent y est appliqué; alors il réfléchit tout ce qui est
placé à sa portée; combien de fois, tout petits que
vous êtes, vous êtes-vous regardés au miroir? combien de fois y avez-vous souri et vous êtes-vous trouvées jolies, petites demoiselles ? Eh bien, c'est lorsque
vous avez été méchantes, que vous avez pleuré, que
vous vous êtes fâchées, que je vous dis : Allez vous
voir, mes chérubins méchants et colères, et la glace,
en reflétant vos traits, vous dira : « Les enfants qui
pleurent et se fâchent sont toujours laids. » La première manufacture de glaces de Saint-Gobain, qui
est la plus renommée du monde, vous tiendra le même
langage : « Tout enfant méchant est bien laid... »

*

Le verre astronome.

Mais l'humble sable qui est foulé aux pieds
et la soude qui font le verre, ont des fonctions
bien autrement sérieuses que de réfléter les visa-

ges des bébés; le verre a permis aux astronomes
de regarder le soleil en face, d'étudier le ciel;
ah! que de planètes ont été découvertes! Voici la
poussière élevée bien haut, n'est-ce pas? Le verre,
qui constitue le microscope, a grossi tellement les
objets que, dans un verre d'eau regardé avec le microscope, vous avez le plaisir de voir une multitude
de reptiles remuant, courant, serpentant; c'est à
vous empêcher de jamais boire de l'eau... et dans
les fromages, et dans tout... vous avalez des mondes
d'animaux. Ah! vivons sans le microscope; avec lui,
vraiment, on aurait trop vécu et surtout trop mal
vécu.

★

Le verre lunettes.

Le verre a constitué, depuis des siècles, la lunette
d'approche... lunette qui a mis à votre portée ce qui
est à cinq lieues de distance... lunette, si utile sur la
mer, lorsque les courants ont entraîné le vaisseau
loin de sa route; lunette, qui a découvert un autre
navire qui a risqué de vous faire sombrer; lunette,
qui a découvert le port, la patrie, et qui a fait battre
le cœur de joie et d'amour; oh! gentil petit verre!
c'est toi qui as rendu les yeux aux grand'mamans,
aux grands-papas; avec leurs lunettes ils ont lu leur
journal, se sont distraits, ont écrit et se sont bien
tourmentés lorsqu'ils les ont égarées; chérubins, plus
d'un d'entre vous les a cherchées les bienheureuses
lunettes du bon grand-père, de la bonne maman!

*

Le verre en vitraux, en bâche, en serre.

Les baromètres, les thermomètres ont des tubes de verre où les changements de la température refoulent ou dilatent le vif-argent ou l'esprit de vin ; et en conséquence annoncent la chaleur et le beau temps.

Les vitraux qui ont fait votre admiration ne sont que du verre. Les vitraux de nos cathédrales, quelle richesse, quel coloris ; savez-vous que c'est le plomb qui est chargé de réunir toutes les petites vitres des rosaces ou des personnages des vitraux. Et les verres d'optique qui ont toujours étonné tout le monde.

Et la fameuse lanterne magique créée pour les bébés et qui les a toujours rendus si heureux ; et les cloches de verre où la semence a éclos et fait naître la graine desséchée.

*

Les serres sont encore les carreaux réunis qui, recevant les rayons du soleil et tenues chaudes par les calorifères, ont fait éclore les fleurs que les froids auraient fait mourir ; et les gares où les voyageurs ont trouvé un abri en attendant le départ ; et enfin le verre de table, le verre où le vin est versé, le verre qui a de tous temps porté des toasts, le verre avec lequel la santé est souhaitée, et les parents, les amis fêtés.

O poussière ! ô herbe ! que l'industrie de l'homme

vous a utilisées! seulement prenez garde au verre, il coupe, il est pire que le bistouri du médecin, pire que le couteau du boucher, pire que le rasoir effilé qui fait la barbe de votre papa.

———

DICTÉE LXIX.

RÉUNION DE TOUS LES SEIGNEURS DE LA COUR DE LA REINE GRAMMAIRE.

La mine de fer.

Le fer, bienfait de Dieu, comme toutes les richesses de la nature, est renfermé dans les entrailles de la terre. C'est là que l'homme a dû aller l'arracher !

Il a donc fallu creuser la montagne ; il a donc fallu descendre à d'immenses profondeurs, pour extirper le minerai ou fer avec la pioche et la hache.

✦

Les mines

C'est un monde bien noir, chérubins, que le sein de la terre ; là, jamais les rayons dorés du soleil n'ont pénétré, jamais le jour si aimé des hommes n'a éclairé ces voûtes souterraines, et les torches fumantes de la résine sont les seules clartés de ces sombres demeures !

Vous auriez joliment peur là-dedans, chérubins, n'est-ce pas ?

Le minerai.

Le minerai ressemble aux cailloux, aux moellons, mais il est d'un poids très-lourd, et d'une couleur blanche cristallisée ou rouge plus ou moins foncé.

Il est remonté à la surface du sol, à l'aide d'immenses corbeilles, attachées à des câbles ou chaînes d'une solidité à toute épreuve ; les ouvriers après leur journée sont hissés de la même manière.

Le fer en fusion.

Le fer ou minerai est alors transporté dans les usines ou fonderies ; il est jeté, entassé, accumulé, dans de hauts fourneaux, grands comme des maisons, où un feu d'enfer alimenté par le coke, le charbon de bois et la pierre à chaux, le mettent en fusion ; c'est-à-dire en liquide... Mais quel liquide ? Une nappe de feu, un fleuve de feu. C'est comme l'enfer.

La fonte.

La fonte liquide, rouge comme un ardent brasier, est recueillie en bas du fourneau dans un réservoir appelé creuset. Deux fois par jour, les ouvriers, armés d'énormes barres de fer pointues, percent le creuset, et le métal liquide se précipite comme un ruisseau de feu, dans les moules préparés pour le recevoir et destinés à lui donner la forme et la spécialité désirées.

Objets de fonte.

Quand la fonte s'est refroidie, qu'elle s'est solidifiée, le moule est ouvert et apparaissent les colonnes qu'on a coulées pour soutenir les édifices, les constructions, les tuyaux énormes, destinés à recevoir l'eau et le gaz et à les distribuer dans les villes… Les canons, les boulets, les obus, les bombes, tous les engins meurtriers de la guerre. Arrêtons-nous, la guerre, c'est la ruine et la mort !

*

La fonte à la place de la Concorde.

La fonte coulée dans les moules devient candélabres, pour éclairer les rues, les promenades, les habitations ; la fonte devient statues, fontaines, vasques ; n'avez-vous jamais regardé avec admiration ces élégantes fontaines de la place de la Concorde,… avec leurs jets d'eau si gracieux, leurs dieux, leurs déesses, leurs sirènes serrant leurs dauphins entre leurs bras ? c'est la fonte coulée ; mais recouverte d'une couche de cuivre qui fait que ces belles fontaines brillent sous les arcs-en-ciel des jets d'eau et des rayons du soleil.

*

La fonte en ustensiles de cuisine et de jardinage.

Les bancs des jardins, les corbeilles, les tables, les statues, les ustensiles de ménage, tels que les poêlons, les marmites, sont en fonte ; les fourneaux de cuisine, les grilles des foyers, les cheminées, toujours la fonte... Seulement ne vous y fiez pas, autant le fer est solide, autant la fonte est cassante ; si un banc de jardin avec dossier est renversé, crac... voici les deux bras cassés net, et elle ne se raccommode pas Mᵐᵉ la Fonte ; si elle est remise au feu, elle se fond, se met en fusion, coule et se répand comme la lave des volcans.

DICTÉE LXX

RÉUNION DES SEIGNEURS DE LA REINE GRAMMAIRE.

Le fer.

La fonte devient **fer** par une deuxième cuisson dans des fourneaux **faits** exprès. Le fer prend corps, se roule, se pelote, se met en boules de feu qui sont, au sortir des fourneaux, **pressées** sous les énormes et écrasants marteaux pilons.

*

Les marteaux pilons.

Ces marteaux pilons ont une force de pression si énorme, que les boules de fer sont bientôt pétries, aplaties ; les marteaux pilons font suer le fer, en un mot, comme la main pressant une éponge pour en exprimer l'eau.

6.

*

Métamorphoses du fer.

Le fer en cet état est rejeté dans d'autres fourneaux et passé au laminoir, d'où il sort en longs ser-
pents de feu; soit en rails de chemins de fer, soit en
poutres de bâtiments, soit en baguettes plates, en
barres carrées, rondes, et en tringles de toutes gros-
seurs, et qui par un second travail deviennent du fil
de fer, gros, mince, moyen et fin comme le coton à
broder; mince comme un cheveu.

Savez-vous que les cordes des pianos sont des fils
de fer.

Mais, quel travail! quelle peine! quelle fatigue!
et quelle belle chose à voir que les usines!

*

Le fer et le feu.

Le feu, comme vous le voyez, est le maître du fer;
une fois à la forge, le fer rougi, entre l'enclume et le
marteau, est roulé, tordu, plié, aplati, arrondi, tor-
tillé, allongé, raccourci.

C'est le fer qui fait l'ancre d'abordage attachant le
vaisseau au port... Lever l'ancre c'est quitter la
terre... Avez-vous vu les ancres des navires? Quelques-uns d'entre vous les ont vues, les ont touchées du
petit bout du doigt, et se sont demandé comment on

a **pu** les lever, les lancer, et vous n'avez pas trouvé la réponse, n'est-ce pas ?

*

La croix, l'ancre, le cœur.

Cependant, tous vous avez **vu** l'ancre ; car, à tous, a été **donné** ce bijou charmant d'une croix, d'une ancre et d'un cœur réunis par un seul anneau... La croix, symbole de la foi ; l'ancre, symbole de l'espérance ; le cœur, symbole de la charité... C'est-à-dire, chérubins, adorez Dieu, espérez en lui et aimez votre prochain comme vous-même...

Heureux, heureux celui qui possède en lui-même la croix, l'ancre et le cœur... il sera béni de Dieu et des hommes.

Maintenant vous connaissez l'ancre.

★

Le fer. — Moufles, ponts, serres.

Vous avez **vu** les moufles avec leurs chaînes énormes enlever des pierres de taille, arrachées aussi aux carrières ; ces moufles, ces chaînes sont de fer ; et ces **arceaux** si légers qui font les gares immenses, où les voyageurs abrités attendent l'arrivée ou le départ des trains, toujours le fer ; et les serres, où les fleurs sont chauffées et sont épanouies alors que la nature est glacée et couverte de neige..., toujours le fer.

Le fer. — Vaisseaux, ponts, chaînes.

Et nos vaisseaux cuirassés, dont la coque même est de fer, et ces ponts suspendus par des chaînes de fer si élastiques que la charge des voitures les a fait trembler, mais ne les a pas ébranlés le moins du monde ; et ces cadenas, ces verrous, ces chaînes créés pour les prisons. Ici la dictée doit être finie, car il faudrait dire les larmes, les désespoirs, et, pauvres chérubins de neuf ans, votre âge est l'âge de l'innocence, de la joie, riez donc ! Hélas ! peut-être ne rirez-vous pas toujours.

La serrurerie.

Voici les serrures avec leurs clés, leurs vis, leurs secrets. Les serrures de sûreté, depuis qu'on les a inventées, ont dit aux malfaiteurs : « Passez, la maison est bien gardée », et elles n'ont jamais été forcées. Les coffres-forts sont restés impassibles même dans l'incendie ; la maison a été brûlée, les coffres-forts, à l'abri du feu, ont gardé intacts les trésors qui leur ont été confiés. C'est fort, le coffre-fort, n'est-ce pas ?

Le fer en outils.

Le fer est métamorphosé en bêches, en pelles, en pincettes, en limes, en râteaux, en marteaux, en cognées, en hachettes, en merlins, en clous ; que d'espèces de clous ! longs, courts, minces, gros, à grosses têtes, à crochets ; et les pitons, et les charnières, et les espagnolettes, et les targettes, et les couteaux, et les ciseaux, et les tenailles, et les vrilles, et les boulons, et les équerres, et les cuillères, et les fourchettes ! là, il faut l'avouer, le fer n'était ni riche ni agréable ; mais le Ruolz a paru, et aujourd'hui le plus pauvre peut manger dans un couvert aussi beau, aussi brillant que s'il était en argent massif. Honneur au Ruolz !

Le fer au Jardin des Plantes.

Avez-vous vu ces bêtes féroces hurlant, roulant leurs yeux, ouvrant leur gueule armée de dents aiguës et toutes prêtes à vous dévorer ; les lions, les hyènes rampantes, les léopards, les tigres avides de chair humaine ? ces bêtes terribles sont heureusement enfermées dans des cages de fer aux forts barreaux ; en les regardant vous avez eu peur, chérubins, vous avez pâli, et vos mamans alors vous ont emmenés devant la cage des singes.

La cage des singes.

Ah ! qu'elle est grande, qu'elle est légère cette cage avec son fil de laiton en croisillons ! vous les avez vus sauter, les singes, vous les avez entendus crier, vous avez battu des mains quand ils se sont tiré la queue, vous leur avez jeté des noisettes qu'ils ont cassées, épluchées et mangées avec adresse : quelle belle cage ! elle n'a caché aucun mouvement, les fils de fer ne nous ont rien dérobé.

Vive le fil de fer !

*

Les volières.

Et ces mille petites cages où les petits bouvreuils,
les serins ont de tout temps chanté, et ont fait le bonheur des petites filles; et ces jolies faisanderies où les
paons se sont promenés et ont fait la roue, avec leur
queue aux cent yeux, et où les faisans ont étalé leurs
belles couleurs, tout cela est dû au fer; honneur à
l'industrie, au courage, au travail des hommes qui
ont fait éclore tant de merveilles.

Le télégraphe.

Ouvrez vos yeux, petits enfants, voici une nouvelle
qui a été envoyée à deux mille lieues, et la réponse
est arrivée en moins de dix heures; comment s'est
opéré ce miracle? C'est le télégraphe électrique qui
s'est chargé de la nouvelle; le fil de fer aimanté a franchi les pays, les montagnes, les mers.

L'homme, vraiment, a le droit d'être fier de ses
œuvres.

DICTÉE LXXI

L'acier.

L'acier est, comme le fer, fils de la fonte, mais c'est
le fils délicat, tranchant, fort, souple, dur, brillant,
retentissant, poli; c'est le fils gentilhomme, grand
seigneur.

Le fer devient acier lorsqu'il est chauffé avec du

charbon, alors il atteint une force à toute épreuve. L'acier fait les canons, les mitrailleuses, les fusils, les épées, les sabres, les lances, les haches, les cuirasses, les casques.

Je vous disais bien qu'il est grand seigneur.

L'acier aux machines.

L'acier est l'âme des machines qui creusent le fer, le roc; l'acier est le soc de la charrue, de cette charrue qui trace le sillon où est déposé le petit grain de blé qui est le pain de tout le monde.

L'acier fait la machine à vapeur des navires, des chemins de fer, des usines de toute espèce.

L'acier en ressorts, en outils.

L'acier fait les ressorts des voitures, si bien suspendues que les cahots ne sont pas ressentis; l'acier fait le grand ressort de votre petite montre, ressort que vous avez cassé bien souvent par un tour de clé donné trop vite ou de trop; voyez comme il est souple, comme il se tourne. L'acier fait le mors du cheval. Ce mors qui l'a dompté.

L'acier en trousse.

L'acier compose la trousse du chirurgien, tous les outils sont de pur acier; comme on est effrayé lorsqu'on voit le docteur choisir ses outils! il les a en grande affection, soyez-en sûrs. La trousse d'un chi-

rurgien c'est son amie, c'est son existence. Le pauvre
opéré ne lui voue pas une telle tendresse, n'est-ce pas?
Il a **tremblé** du moment qu'il l'a **vue**, cette trousse ou-
verte, et il s'est évan**oui** quand le chirurgien s'est ap-
proché.

Le chloroforme, enfants, a été découvert et est **mis**
partout en usage pour endormir le malade pendant
les opérations.

Voyez comme la science est grande, est belle et
est humaine!

L'acier en outils.

L'acier fait la lime qui unit, qui lisse le bois, le fer,
la vrille qui les perce de part en part, le marteau
qui retentit, la serpette qui taille, qui abat, le séca-
teur qui greffe et qui est, lui, l'ami, le compagnon
des jardiniers et des naturalistes, et le rasoir, dont la
coupure est passée en proverbe; les couteaux, les
ciseaux, les aiguilles, les dés, voici des objets qui vous
sont familiers, que vous avez touchés, perdus, cas**sés**
cent fois, c'est l'acier qui les a cré**és**; ces lames effi-
lées des couteaux qui se ploient en deux, sans se casser, c'est le bon, le fort acier; les lames de Tolède et
celles de Damas étaient bien recherchées autrefois
par les chevaliers qui voulaient se battre et s'entr'égorger! Mais l'acier fait aussi les bijoux, les
agrafes, les perles, et a fait florès en son temps. La
mode est si vaniteuse, elle a oublié l'acier aujourd'hui.
Il ne coûte pas assez cher.

L'aiguille.

L'acier fait l'aiguille, l'aiguille, l'amie des petites

filles, l'amie de tout le monde et le gagne-pain de beaucoup.

Que n'as-tu pas fait, jolie petite aiguille, depuis que l'industrie t'a créée? Quelles sommes d'argent n'as-tu pas gagnées? Quelles existences n'as-tu pas soutenues, n'as-tu pas enrichies? Quels chefs-d'œuvre n'as-tu pas créés? Qui a brodé ces étoffes de velours, d'or et de soie? Qui a posé les insignes des honneurs et du rang aux habits des hauts fonctionnaires? Qui a enlacé ces chiffres, ces écussons? Toi, chère petite aiguille.

L'aiguille brodeuse.

Fée charmante, c'est toi qui as brodé ces bouquets, c'est toi qui as réuni ces fleurs, tressé ces guirlandes; ces épis, ces roses, ces œillets semblent prêts à être cueillis... Comme tu as travaillé! combien tu as enfilé d'or, de soie, élégante petite aiguille!

L'aiguille travailleuse.

Fée industrieuse et utile, c'est toi qui as confectionné ces trousseaux, qui as cousu les layettes du nouveau-né; que tu as su les faire coquettes! tu les as si bien ornées, si bien brodées, si fort enrubannées!

Robes, qui vous a faites? manteaux, qui vous a piqués, cousus, bordés, galonnés? L'aiguille, n'est-ce pas?

L'aiguille industrieuse.

Fée courageuse et fière, n'as-tu pas dérobé aux re-

gards la gêne et la misère? n'es-tu pas cent fois passée et repassée dans la toile usée, pour refaire les fils
disparus? n'as-tu pas, grâce à la reprise perdue, dis-
simulé l'usure de l'habit ou du châle? La pièce que
tu as posée a fait disparaître l'accroc et le trou malheureux, honneur à toi aiguille industrieuse.

Aimez l'aiguille.

Chérubins, aimez l'aiguille, et priez vos mamans de
vous faire visiter une fabrique d'aiguilles; la mignonne, elle passe par sept mains avant d'être achevée, et on en donne pourtant quatre pour un sou.
Savez-vous, chérubins, que le trou de l'aiguille s'appelle **CHAS**; ne confondez pas avec votre chat ou Sa
Majesté le Shah de Perse.

Le musée d'Artillerie.

Les petits garçons ont toujours aimé les armes ;
être déguisés en soldats est leur bonheur. Cette ar-
deur belliqueuse est la bien venue au musée d'artil-
lerie, où sont réunies toutes les armes depuis la fon-
dation de la monarchie française. Pour les petites
demoiselles, l'armure de Jeanne d'Arc nous amènera
à parler de la pauvre héroïne ; donc, chacun aura sa
part de plaisir.

Nos cinq ports militaires, Cherbourg, Brest, Lo-
rient, Rochefort et Toulon, ont leur musée d'artille-

lerie. Paris en a un aussi, et une salle d'armures pleine de souvenirs, puisque ce sont les armures des braves chevaliers qui se sont illustrés.

François Ier.

François Ier, à cheval sur son fier coursier bardé de fer, occupe le milieu de la salle. Le roi chevalier est recouvert de son armure, de sa cotte de mailles la visière de son casque au panache blanc est baissée, les rênes sont tenues par les gantelets de fer, et plus d'un petit garçon a demandé à son papa si François Ier était vivant et s'il allait marcher. Ah! dame! on n'en est pas au règne de François Ier lorsqu'on épelle son alphabet.

Jeanne d'Arc.

Au milieu de toutes les cuirasses alignées par siècle, par année, voici l'armure de la pauvre Jeanne d'Arc, la douce, la sainte, la patriotique figure de notre histoire.

La pauvre fille, née à Domremy en Lorraine, avait toujours été bien simple, bien humble; elle avait gardé les troupeaux et souvent avait entendu raconter les malheurs de la France..... Elle avait senti son cœur frémir, elle avait répandu bien des larmes, et, inspirée, elle demanda la bénédiction de son père, de sa mère, et leur révéla que Dieu lui avait donné mission de faire sacrer le roi Charles VII à Reims.

Elle fut accompagnée par ses parents jusqu'à Bourges, où étaient Charles VII et sa cour... Le roi s'était placé au milieu de ses seigneurs et avait déposé tous les insignes de la royauté; mais Jeanne, inspirée, n'a pas hésité ; elle a marché droit au roi, a fléchi le genou, et a indiqué l'endroit où était l'épée qui lui était destinée, épée qu'elle a gardée pour le commandement, mais dont elle ne s'est jamais servie... Et la brave fille, à la tête des armées, a vaincu les Anglais, les a chassés d'Orléans et a **fait** sacrer le roi à Reims.

Mort de Jeanne d'Arc.

Alors Jeanne a dit au roi : « Ma mission est achevée, l'heure est venue de retourner à ma chaumière, » et elle a voulu se retirer. Le roi malgré elle l'a retenue, et la pauvre fille, toujours brave, guerroya encore quelque temps, mais fut prise à Compiègne, faite prisonnière, chargée de fer, jugée, condamnée à être brûlée comme sorcière... Et le bûcher fut allumé, et la pauvre Jeanne fut brûlée vive.

Chers petits, vous êtes émus, mais retenez bien que Jeanne est morte comme les saintes, comme les martyrs, comme les héros, les yeux levés vers le ciel, le crucifix pressé entre les bras et appuyé sur son cœur, et les dernières paroles que les bourreaux ont entendues furent : « Dieu et la France ! »

La plume d'oie détrônée par la plume de fer.

L'acier, mes chers petits, a fait révolution dans l'instruction depuis une trentaine d'années. Vous êtes étonnés ; écoutez ceci : L'oie, vous l'avez entendu dire, n'a pas précisément la réputation d'avoir de l'esprit ; eh bien, c'est pourtant l'oie qui a toujours fourni la plume pour écrire, même les chefs-d'œuvre.

Que de plumes n'avons-nous pas taillées dans notre jeunesse ! nous, grands-papas et grand'mamans d'aujourd'hui ; et nos canifs, combien les avons-nous fait repasser ; que de tours ne nous ont-ils pas joués !

*

A l'heure où la rentrée des classes a sonné, nous avions, nous autres pauvres maîtresses de classe, vingt, trente, quarante plumes à tailler. Ah! combien en avons-nous vu gâcher de ces pauvres plumes d'oie qui étaient vendues en paquets de vingt-cinq, et que de blessures, que de coupures ne nous sommes-nous pas faites ; il nous a fallu égaliser les deux becs sur l'ongle de la main gauche, et plus d'une d'entre nous l'avait usé ; et que de temps perdu ! que de tailles de plumes recommencées ! que de prétextes trouvés et mis à profit par les petites filles ou les petits garçons souvent paresseux !

La plume de fer.

Enfin, une bonne âme a pris bien sûr en pitié les

maîtres et les maîtresses de classe et a inventé la plume de fer..... Ah ! la pauvrette ! comme elle a été mal accueillie ; on l'a dédaignée, on l'a accusée de couper le papier, on l'a brisée en disant qu'elle ne marquait pas... et puis on s'y est habitué, on l'a reprise, on l'a appréciée, et aujourd'hui elle est devenue indispensable et elle a tout à fait détrôné la plume d'oie.

La plume de fer et la rouille.

Vous n'avez jamais connu d'autres plumes que les plumes de fer, mes chéris, et comme aujourd'hui elles sont perfectionnées, elles sont vos amies. Une seule usine, celle de Blanzy, a employé 2,000 kilogrammes d'acier dans une année pour la fabrication des plumes de fer ; elles n'ont jamais nécessité d'autres soins que d'être essuyées après avoir servi, afin de n'être pas oxydées. La rouille, vous l'avez appris, est l'ennemie jurée du fer et de l'acier.

DICTÉE LXXII

LES SEIGNEURS DE LA COUR DE LA REINE GRAMMAIRE CHEZ LES SEIGNEURS PARTICIPES PASSÉS.

La mine de houille.

Je vous ai conduits, chérubins, dans les souterrains du minerai, où vous avez **vu** travailler la mine, où vous avez **vu** la fonte, le fer extirpés ; vous n'avez

pas eu trop peur, vous vous êtes faits à l'obscurité, vous avez causé avec les ouvriers, et vos yeux se sont ouverts tout grands devant ces voûtes que vous avez vues pour la première fois. Je crois pourtant que vous avez respiré plus à l'aise lorsque le panier vous a remontés et que vous avez revu le soleil et le jour.....
Eh bien, puisque vous êtes aguerris, le moment est bien choisi, nous sommes encore noircis de la poussière de la fonte, descendons de suite dans les mines de charbon de terre.

*

Le déluge.

Depuis que Dieu a créé le monde, la nature a eu à subir bien des bouleversements, bien des cataclysmes. Vous avez appris dans votre histoire sainte qu'il y a eu un déluge qui a duré quarante jours et quarante nuits.

La mer a débordé; les fleuves, grossis par les pluies torrentielles, sont sortis de leurs lits ; tout a été submergé, tout a été englouti, les plus hauts sommets des montagnes ont disparu, les plantes, les fleurs, les animaux, les hommes, tout a péri.

L'arche de Noé, où étaient renfermées toute la famille du saint patriarche et une paire de chaque animal ; seule, l'arche, portée par les eaux, est montée avec l'inondation, a été préservée, et s'est

arrêtée, selon l'ordre de Dieu, sur le mont Ararat,
alors que déjà l'olivier, signe reconnu de la paix,
donnait ses fleurs et ses fruits. Vous avez appris
l'histoire de la colombe qui a rapporté à Noé un
rameau d'olivier, et depuis, même chez les païens,
l'olivier est le symbole de la paix.

*

Ravages du déluge.

Mais la mer, la pluie, les fleuves, l'inondation
avaient fait leurs œuvres, avaient englouti les monts,
les forêts, avaient transporté les rochers, les terres,
les sables, avaient fait de la montagne le lac ; du lac,
la plaine. Avez-vous vu Fontainebleau avec ses rochers monstrueux, sa plaine et ses sables ? N'est-on
pas porté à croire que les rocs ont dû être les bas-
fonds de la mer ? et le sable n'est-il pas de la même
nature que les sables si doux de certains ports de
mer ?

Les forêts englouties.

Eh bien ! ces forêts englouties sous les rocs, sous
des couches de terre ou de sables, ces forêts
gigantesques, privées d'air, de lumière, se sont
pourries, calcinées, sont devenues le charbon de
terre, la houille ; et l'homme intrépide a creusé
des puits, est descendu à des profondeurs incom-
mensurables, a creusé ces mines, tombeau des
vivants, et en a extirpé ce combustible qui donne des

ailes aux navires, aux chemins de fer, et la vie aux
usines, aux manufactures.

★

Les mineurs.

Quelle existence exceptionnelle que celle des mineurs! Ensevelis à cent mètres sous terre, éclairés
seulement par des lampes avec des globes revêtus de
fer. Quelle vie... Pauvres mineurs! Ils sont exposés
aux feux grisous, feux du gaz de la mine qui as-
phyxie, qui tue... Pauvres mineurs! ils sont exposés
aux infiltrations des cours d'eau qui envahissent la
mine comme des torrents.

Pauvres mineurs! ils sont séparés du monde entier
par des couches épaisses de terre, par des rochers,
ils sont ensevelis vivants !

★

La consolation du mineur.

Heureux ceux des pauvres mineurs qui ont une
mère, une femme, des enfants, pour les accueillir au
retour! Ah ! pendant ces heures sombres du travail,
combien la pensée des êtres qu'ils aiment a dû rani-
mer leur courage! Ils ont peut-être entrevu le
sourire de l'enfant; ils ont cru sentir ses caresses,
et ils ont senti leurs forces redoubler!! Oh!
pauvres mineurs! le soleil est si beau à voir, l'air est
si bon à respirer, vous êtes privés de ces bienfaits de

7

Dieu. Pauvres mineurs, votre vie est la vie du tombeau.

*

Utilité du charbon de terre.

La houille, depuis qu'on l'a arrachée de la mine, a rempli un rôle des plus importants dans le monde.

Elle a remplacé la voile pour les navires qu'on a nommés packets et qui ont alors franchi l'Océan avec la vitesse des oiseaux,.. La houille est l'âme des chemins de fer, le nerf des machines à vapeur... et de toutes les usines; la houille est le combustible des pays qui sont dépourvus de forêts et qui les ont souterraines, tels que l'Angleterre, la Belgique et la France au nord.

Suite de l'utilité de la houille.

La houille est brûlée dans tous les foyers de l'Angleterre, dans les chambres à coucher, dans les salons, et fait des feux très-admirés.

Les calorifères n'ont jamais consumé que le charbon de terre; les forges, les hauts fourneaux sont aussi alimentés par la houille. Adieu, sans le charbon de terre, aux voyages prompts et sûrs, adieu aux chemins de fer, adieu aux usines, à l'industrie, adieu aux manufactures !...

Eh bien, chers petits enfants, aviez-vous jamais

pensé que le charbon de terre eût un tel rang dans le monde. Croyez-moi, c'est lui qui mène le monde, et d'un bout du monde à l'autre ! !

Le gaz.

La houille n'a pas fini sa tâche encore, le gaz en est extrait et lui doit la vie ; vous êtes sortis souvent le soir avec vos parents, vous avez vu ces boulevards, ces places publiques illuminées, ces magasins tout brillants de lumière, c'est le gaz qui, porté par les tuyaux que vous avez vu faire à la fonderie, donne ces clartés resplendissantes ; le gaz a détrôné le quinquet fumeux, qui a eu sa vogue lorsque M. Quinquet, son inventeur, fut chargé d'éclairer ainsi la bonne ville de Paris.

Les Illuminations.

Vous êtes bien petits, et pourtant on vous a menés au théâtre voir des féeries ; vous avez vu des salles de concert, vous avez assisté à des repas de noces, où jamais les enfants ne devraient être conduits ; vous avez vu les fêtes publiques, lorsqu'au faîte des monuments sont allumées les illuminations en banderolles, en festons, en girandoles, tout cela c'est le gaz. En vérité, si le soleil avait été jaloux, il eût envié le sort de la nuit, de la nuit si bien éclairée.

*

Une explosion de gaz.

Quelle foule ameutée ! quels cris aigus, quels dégâts terribles ; qu'est-il arrivé ? La devanture d'un magasin a volé en éclats, a blessé plusieurs personnes sur le trottoir et sur la chaussée ; dans l'intérieur, deux hommes ont été tués ; cette femme que j'ai vu emporter a eu les deux jambes brisées... Dès que l'explosion a eu lieu, les pompiers sont accourus, les bornes-fontaines ont été ouvertes, les pompes ont joué, ont lancé l'eau à flots ; la foule a fait la chaîne.

*

Du premier et des autres étages, les locataires affolés ont jeté leurs meubles, leurs effets par les fenêtres et se sont élancés dans la rue ; les meubles ainsi lancés ont blessé dix personnes et sont tombés fracassés. Quelle confusion, quelle bagarre, quels cris ! La garde appelée a pu à peine maintenir l'ordre.

Qu'est-il arrivé ? quelle cause a produit tous ces malheurs ?

Enfants chéris ! la plus simple des choses, *une lumière approchée d'une fuite de gaz.*

———

Moyen d'éviter une explosion.

Vous êtes tout petits encore, eh bien, si la dictée faite hier a pu graver pour votre vie, dans votre jeune mémoire, la conséquence terrible d'une lumière approchée d'une fuite de gaz, j'aurai vraiment bien mérité de la patrie, car j'aurai peut-être évité de grands malheurs et sauvé des existences.

Il n'est pas de semaines qui se soient écoulées, pas de jours qui se soient passés sans que les journaux aient signalé l'imprudence de la lumière approchée d'une fuite de gaz.

Lorsque vous, petits, vous sentirez cette odeur, vous crierez de toutes vos forces : Fermez le compteur et n'approchez pas de lumière!... et puis... sauvez-vous.

La benzine.

Du gaz est tirée la benzine, qui a acquis le privilége d'enlever les taches. Quelle utile découverte pour les petits messieurs et pour les petites demoiselles de neuf à douze ans! que de taches n'ont-ils pas faites sur leurs vêtements! que n'ont-ils pas jeté sur eux! une tartelette a-t-elle jamais été mangée sans que les petits doigts poissés ou gras n'aient été essuyés sur les habits?... Ah! gentille benzine! tu serais vraiment notre amie à tous, sans ton odeur qui entête! Mais tu progresseras, tu te perfectionneras; on dit que tu t'es déjà perfectionnée, que tu as progressé, que tu sens même bon. Alors, vive la benzine!

Le goudron.

Le goudron aussi a été extrait de la houille, et ces

belles et chatoyantes couleurs, nouvelles, bleues,
bleu-clair, solférino, violettes, vert-bleu, ces couleurs
incomparables sont extraites du charbon de terre. Le
coke, qui est le charbon de terre déjà brûlé, acquiert
une grande légèreté et fait des feux splendides dans
les cheminées faites exprès.

DICTÉE LXXIII

GRANDE RÉUNION CHEZ LA REINE GRAMMAIRE DE TOUS SES SUJETS

Le printemps.

Chérubins, les mines de fer, de charbons, vous ont
attristés, vous ont serré le cœur, vous ont fait peur
peut-être ; allons dans les jardins, ils sont fleuris ;
l'hiver est passé, le printemps est venu ! Saluons le
printemps, le soleil, le gazon, le feuillage, les
bourgeons qui recèlent encore les fleurs... Saluons
les premières fleurs qui se sont épanouies ; leur parfum est si fin, si délicieux !

*

Les fleurs du printemps.

Beau printemps, sois béni, voici la primevère qui
a écarté les dernières neiges et qui nous a montré sa

jolie petite fleur; voici la violette, cachée sous la feuille, qui s'est révélée par son parfum et qui, à peine vue, est cueillie; voici l'aubépine qui a **fait** blanches ou roses les charmilles; voici le chèvrefeuille qui a grimpé et qui s'est **ouvert** pour le bonheur des yeux; voici le muguet qui a **crû**, poussé tout seul dans les bois et qui est apporté en bottes ou bouquets dans les villes, où il est acheté avec délice.

*

Voici la giroflée qui embaume l'air, à peine épanouie; voici les lilas fleuris, si aimés de tous, qui ont toujours fait des bouquets monstres et des heureux; voici les petites marguerites qui ont émaillé les gazons; voici les myosotis qui ne se sont jamais démentis et qui ont toujours **dit** : *Ne m'oubliez pas*; voici la modeste pervenche apparaissant violette ou blanche, ou rose, sous son feuillage foncé; voici les silènes qui ont **fait** les corbeilles roses en attendant leurs sœurs de l'été; voici les seringats qui, blancs comme la neige, ont répandu leurs parfums charmants.

*

Voici les rosiers avec leurs boutons et leurs roses, leurs roses déclarées reines de toutes les fleurs. Oh! printemps, sois béni; tu rends l'espérance, la vie aux malades, aux vieillards que l'hiver a retenus auprès du foyer, et tu es la joie, les délices des enfants beaux comme tes roses, mais ayant aussi des épines comme elles.

*

Le printemps et la terre.

Saluons le printemps! la terre a travaillé depuis que cette douce saison a succédé au dur hiver... Les plaines se sont reverdies; l'avoine, le blé, le seigle, le foin, le sainfoin, le trèfle sont sortis de la terre... Les gaies cerises se sont montrées sur leurs cerisiers; qu'elles sont aimées des enfants, les cerises coquettes et sucrées! Puis les groseilles en grappes rouges et blanches ont paru à leur tour... Quelles conserves, quelles gelées, quelles bonnes confitures ces fruits délicieux ont promises pour l'hiver.

*

La pomme de terre.

La pomme de terre a déjà montré sa petite fleur blanche et rosée, fleur que le roi Louis XVI, en 1778, a attachée à sa boutonnière lorsque Parmentier la lui a offerte, comme grande ressource pour le pauvre et comme palliatif de la famine; ah! pauvre et saine pomme de terre, on t'a bien critiquée, discutée, et le roi, pour dompter le préjugé, en a fait faire tout un dîner, car la pomme de terre est reconnue d'une si bonne nature, qu'elle s'accommode de toutes les façons et à toutes les sauces. Ne les avez-vous pas toujours aimées, chérubins, les pommes de terre sautées,

à la sauce, cuites sous la cendre et frites... Ah!
frites surtout.

L'été.

Voici l'été, les chaleurs qu'il a **fait**, les fatigues que
nous avons ressent**ies**, nous l'ont prouv**é**. Enfants,
que les chapeaux de paille soient atte**ints**, que les
coups de soleil soient évit**és** et les courants d'air con-
jur**és**, une fluxion de poitrine est vite attrap**ée** par une
transpiration ren**trée** et par de l'eau froide **bue**.

*

Fleurs de l'été.

Voici les jacinthes, les œillets, les géraniums, les
fuschias, les balsamines, les jasmins en fleurs. Voici
les haricots d'Espagne, les bignolias qui se sont
élancés, ont grimp**é** et ont enlac**é** les feuillages, les
branches, les charmilles, les treillages. Voici les clé-
matites **au** délicieux parfum, qui ont **fleuri** et em-
baum**é** les airs; voici les belles de nuit, les **volubilis**
qui ont entr'ouvert leurs fleurs à l'arrivée du jour et
qui les ont ferm**ées** sous les feux du soleil; voici
l'amaranthe à la crête de velours; voici les roses tré-
mières qui semblent cré**ées** pour orner les autels, les
hortensias aux roses en boules, les pensées qui ont
toujours dit : pensez à moi, les orangers, les lauriers,

7.

les grenadiers, l'héliotrope, les magnolias et les ca-
momilles, les glaïeuls, les dahlias. Les mauves, les
tilleuls destinés à faire des tisanes sucrées qu'adorent
les enfants; enfin les abricots, les pêches, les prunes,
les noisettes, les poires.

Ah ! chérubins, que tout cela est beau et bon.

L'été et la plaine.

La plaine, dans le silence, a aussi travaillé; voici
le foin qu'on a coupé, qu'on a **mis** en boîtes pour la
nourriture des chevaux et des bêtes, la luzerne, le
trèfle, le sainfoin sont fauchés, le blé a poussé, **mûri**,
la moisson est faite, rentrée, les meules formées dans
les plaines, les pommiers aux fruits rouges ont fait le
bonheur des yeux et **promis** fruits et cidre pour
l'hiver; une belle moisson, enfants, est une richesse
pour toute la France, car le raisin fait le vin.

L'automne.

L'automne nous donne toutes les fleurs de l'été,
plus les fruits arrivés à leur maturité, c'est-à-dire
mûrs, bons à être mangés. Les poires aux mille espèces, les pommes de reinette, de Calville et les raisins ! Les raisins ne sont pas seulement une ressource,
c'est une richesse.

Les vins, dont les crus sont connus, appréciés, recherchés, sont vendus au poids de l'or; tels que les
vins rouges de Bordeaux, les vins de Bourgogne,

les vins du Midi, les vins de dessert, Lunel, Frontignan, etc., et les vins mousseux de la Champagne qui font sauter les bouchons.

L'hiver.

Voici l'hiver ; les premiers froids se sont fait sentir, les croisées se sont fermées, les feux se sont allumés, les jours ont diminué, les brouillards ont caché le soleil, les vents se sont déchaînés, la pluie est tombée à flots, les feuilles ont jauni, se sont détachées des branches, ont jonché la terre, et la nature a semblé mourir.

Les serres, les camélias.

Bientôt des flocons de neige sont tombés et ont fait blanches les campagnes ; les fleuves se sont gelés, et les enfants captifs n'ont pu prendre leurs ébats dans les jardins, les fleurs ont été abritées dans les serres, les boutures ont été recueillies dans les bâches entourées et couvertes de paillassons.

Alors les serres ont vu éclore les camélias blancs ou rouges, ou roses, les bruyères. Les lauriers, les myrthes, les orangers et les grenadiers ont été rentrés et n'ont vécu que grâce à la chaleur des calorifères dans les contrées éloignées des tropiques.

La chasse.

Alors ont commencé les chasses, où vos papas sont partis avec tant de bonheur ; le gibier a été traqué, les oiseaux effarouchés se sont dérobés au plomb meurtrier, mais les chasseurs intrépides les ont poursuivis, les chiens au flair sûr les ont découverts, les chasseurs, enchantés, crottés jusqu'aux genoux, mouillés jusqu'aux os, ont apporté en triomphe leur gibecière au logis.

Chasseur ! si tu as été malheureux, tu auras du gibier tout attrapé, tout tué au marché ; seulement, ôte l'étiquette, qui te trahirait.

DICTÉE LXXIV

LES SEIGNEURS DE LA COUR ET LES PARTICIPES PASSÉS.

La terre.

La terre, **que** Dieu a créée, chérubins, la terre **que** vos petits pieds ont foulée depuis sept ou huit ans, la terre sur laquelle vous avez vécu, sur laquelle vous avez joué, est ronde, les savants qui ont vieilli sur les livres, les géographes qui ont étudié les mondes, l'ont affirmé, prouvé.

Lorsque vous aurez grandi, qu'à votre tour vous serez devenus des savants, lorsque vous aurez appris les sciences profondes, vous serez convaincus de cette vérité que la terre est ronde, et qu'elle a toujours tourné sur elle-même et tourné autour du soleil.

*

Les montagnes et les fleuves.

La surface de la terre est composée de terre et d'eau ; cette terre n'a pas changé depuis sa création ; les montagnes formées des rocs sont restées où Dieu les a posées ; leurs sommets, ceux qui sont élevés jusqu'aux nues, ont reçu et conservé des neiges éternelles, qui ont toujours alimenté les ruisseaux, les rivières, les fleuves,.. Ces eaux se sont confondues, ont suivi la pente des terres vers la mer, s'y sont jetées, s'y sont perdues, ont disparu.

*

Les forêts ont crû, se sont multipliées sur les montagnes et ont donné le bois, la houille ou charbon de terre... Les mines d'or, d'argent, de fer, de plomb, de zinc exploitées du sein de la terre ne se sont pas épuisées, les carrières de marbre, de granit, de pierre à chaux, de calcaire, d'ardoise, de sable, d'argile, ont élevé des palais, des villes entières, sans cesser d'être.

*

La création.

Les mines de diamants, de pierres précieuses fouillées n'ont jamais refusé leurs trésors ; Dieu a donné aux pays froids des animaux aux chaudes fourrures, et ces fourrures en ont fait la richesse ; le chameau a été créé pour traverser le désert ; les étoiles pour éclairer la nuit; Dieu a peuplé l'air d'oiseaux ; la mer les fleuves de poissons, et le soleil pour donner à la terre la vie et la fécondité.

*

Dieu.

Toute la nature créée depuis le commencement du monde est restée telle que Dieu l'a faite; les générations passées en ont joui; nous, vous, chérubins, nous nous sommes écriés bien souvent : Que c'est beau, la nature! Eh bien, au-dessus de toutes ces merveilles est le Créateur, le bon Dieu. Adore-le, jeune enfant; tu as reçu la voix pour le prier, le cœur pour l'adorer, et ton âme, faite à son image, a été créée pour l'immortalité !

DICTÉE LXXV

RÉUNION DE TOUS LES SEIGNEURS.

L'homme.

La terre, la mer étant créées, les montagnes, les plaines ayant leur place assignée, le soleil ayant paru et donné au monde sa lumière et sa chaleur, le ciel étant étoilé, la lune ayant éclairé la nuit, les animaux, l'homme et la femme furent créés, mais l'homme et la femme avec une âme; retenez bien ceci, une

Alors cet homme et cette femme, si faibles auprès du lion, si petits auprès des montagnes, si frêles auprès des eaux, se sont trouvés, par le don de l'âme, les rois, les maîtres de la création ; ils se sont propagés, se sont multipliés et se sont emparés de la terre.

*

Les hommes ont déchiré le sein de la terre, ont tracé le sillon, lui ont confié la semence, qui a germé, le blé a poussé, grandi, l'épi a paru et a donné cent pour un...

Ce blé, c'est ce pain que vous avez mangé, chérubins, depuis que la nounou vous a quittés.

*

Les hommes ont cultivé les plaines, les ont fumées, les ont drainées, y ont amené des cours d'eau, et le trèfle, le foin, le sainfoin, le seigle, l'avoine, la luzerne ont poussé, ont nourri les animaux ; l'orge, le riz, la pomme de terre, le maïs, la canne à sucre, la patate, les légumes de mille espèces ont poussé, ont produit et ont fourni la nourriture des hommes.

*

Les hommes ont saisi les chevaux sauvages, s'en sont emparés, les ont domptés avec le mors, et en ont fait leurs coursiers et les compagnons de leurs travaux ; le cheval vous est connu, c'est un de vos amis ? — Oui, oui, disent à la fois tous les chérubins.

*

Les hommes ont vu le taureau, le bœuf sauvage ; ils leur ont mis le joug et ces animaux domptés ont traîné la charrue et ont nourri leurs vainqueurs. Vous connaissez le bœuf, chérubins ?

Oui, et la vache, le veau, le mouton. — Bravo ! chérubins !

*

Les hommes ont chassé les bêtes féroces, et leur chair les a nourris, leurs fourrures les ont couverts et leur ont donné les richesses.

*

Les hommes ont visé les oiseaux dans les airs ; la

flèche, le plomb les ont abattus à leurs pieds ; ils ont traqué le gibier, et oiseaux et gibier les ont nourris.

*

Les hommes ont **pris** les poissons dans les eaux **salées** des mers, dans les eaux courantes et douces des fleuves, dans les eaux dormantes des lacs ; ils les ont **conservés, salés, fumés,** et en ont **fait** leur nourriture.

*

Les hommes **ont** voulu franchir les mers, ils ont **construit** des embarcations... puis des vaisseaux... les arbres leur ont fourni les **mâts,** où ils ont attaché des **voiles** ; les vents s'y sont engouffrés et ont **fait** marcher les navires.

Sur les bassins des Tuileries, ou dans la petite rivière du jardin, comme vous aimez à voir votre petit bateau marcher sur l'eau, n'est-ce pas ?

*

Les hommes ont trouvé l'or, le plomb, le fer dans les entrailles de la terre : ils les ont extirpés ; les pierres précieuses, le diamant, la perle fine ont été **arrachés** de leurs gisements.

*

Les hommes sont nés ignorants, mais ils ont travaillé, se sont instruits, ont lu, ont écrit, ont voyagé, ont échangé leurs idées, se sont civilisés, se sont surpassés, se sont illustrés.

*

Un homme, Gutenberg, a découvert l'imprimerie, merveille admirable qui, depuis quatre siècles, a reproduit, a imprimé la pensée; ce sont vos livres d'étude, que vous n'aimez pas assez, que vous abîmez trop.

Un autre génie, Christophe Colomb, a découvert l'Amérique, tout un monde...

Que nous donne en si grande profusion l'Amérique? — Tous les chérubins à la fois : le coton. — Bravo! mes amours! vous avez déjà appris bien des choses!

*

D'autres génies ont inventé, deviné la vapeur; ils l'ont appliquée aux machines, aux chemins de fer, aux navires; c'est la vapeur qui vous a entraînés lorsque vous avez voyagé en chemin de fer ou sur les vaisseaux.

*

Les montagnes ont été percées, les collines ont été aplanies sous la pioche des travailleurs; la mine a

fait éclater le roc; les ponts ont été jetés sur les cours d'eau, et les chemins de fer ont roulé sur leurs rails, ont **franchi** les distances, **réuni** les peuples. Vous avez peut-être encore peur, chérubins, en passant sous les tunnels, c'est si noir !

*

Les hommes ont **voulu** que la pensée, que les événements fussent por**tés** d'un bout du monde à l'autre, et le télégraphe s'est révé**lé**, le télégraphe électrique, chérubins, dont vous avez **vu** les fils traverser les campagnes.

*

Les hommes ont ambition**né** plus encore, ils ont **voulu** que les nouvelles traversassent les mers pour unir l'ancien monde et le nouveau, et le télégraphe sous-marin a été instal**lé** dans les profondeurs des mers.

*

Les difficultés qu'on a **eues** à surmonter, les premiers essais qu'on a ten**tés** et qui ont écho**ué**, n'ont pas rebu**té**; tous les obstacles ont été vaincus, et aujourd'hui les deux mondes se sont don**né** la main, ont échan**gé** leurs pensées, et les nouvelles **sont** arrivées con**nues** en quelques heures.

*

Les hommes ont voulu posséder le monde dans
leurs portefeuilles, ils ont voulu conserver au delà de
la vie le souvenir de ceux qu'ils ont aimés, le daguer-
réotype, la photographie se sont révélés, répandus,
propagés, et sont arrivés à la reproduction exacte,
parfaite, fidèle, méticuleuse de tout ce que l'homme
a désiré reproduire, a souhaité conserver.

★

Combien de fois, chérubins roses, vos chères mamans vous ont-elles **fait** photographier ? Tous les ans,
au moins. Eh bien, rien n'est plus intéressant que
cette manière d'avoir toute l'existence d'une enfant
chérie, bien-aimée, la vie prise d'un an à vingt ans;
j'ai vu cette collection complète.

L'âge de la beauté ravissante m'a semblé encore
l'âge de l'enfance.

———

DICTÉE LXXVI

RÉUNION DES SEIGNEURS DE LA COUR GRAMMAIRE.

**Récapitulation des choses connues des chérubins et
nouvelle connaissance faite de tout ce que l'on voit,
de tout ce que l'on touche.**

Chérubins, debout; chérubins, debout; le jour a
lui, le soleil n'a pas encore paru; il ne s'est jamais

levé de bonne heure l'hiver ; il est paresseux ; mais sept heures sont sonnées, les feux sont allumés dans l'âtre. Voyez quelle bûche énorme est enterrée dans la cendre ; la cendre, croyez-vous qu'elle soit employée ou jetée ou vent ? La cendre de bois a toujours coulé la lessive et rendu le linge blanc comme la neige ; les produits chimiques ont voulu la remplacer, mais les ménagères se sont toujours servies de la cendre et se sont méfiées des produits chimiques qui ont brûlé le linge, sans le bien lessiver.

Les bois.

Les bûches sont le chêne, l'orme, le hêtre, coupés selon les foyers ; vous avez vu les chantiers des marchands de bois ; les fagots, les fagotins sont les branches coupées aux troncs de tous les arbres ; on dit que tous les peupliers qui sont plantés depuis dix années ont toujours rapporté un franc par an de branches élaguées ; les petits fagotins de bois blancs, coupés à la mécanique, sont tirés du sapin et brûlent comme des allumettes... et les allumettes, que sont-elles ? Du bois de sapin coupé menu, menu, avec du phosphore à l'une des extrémités. Ne jouez jamais avec les allumettes, ni avec le feu ; que d'accidents sont arrivés ! que d'enfants ont été brûlés !

DICTÉE LXXVII

L'éponge.

Prenez cette éponge; et que des ablutions d'eau froide soient faites, afin que votre peau délicate accoutumée au contact de l'eau fraîche, reste inaccesible au froid, et les rhumes, les bronchites, les angines, les engelures seront évités. Mais d'où est venue l'éponge, l'éponge que vous avez tenue raide dans votre main, et qui, à peine imbibée d'eau, s'est amollie, s'est gonflée, a absorbé le liquide versé; elle a semblé vraiment heureuse plongée dans son élément.

Origine des éponges.

L'éponge pousse sur les rochers au fond de la mer, et est le gîte d'une foule de petits animaux; la première fois qu'une éponge est mouillée, vous avez dû voir de petits coquillages tomber au fond de l'eau, et cependant l'éponge a déjà subi une opération qui l'a rendue blanche. Les éponges sont particulièrement trouvées dans les mers de la Grèce, celles qu'on a appelées champignons sont payées très-cher, je vous l'assure.

DICTÉE LXXVIII

Le chanvre et le lin.

De quoi est faite la serviette qui a essuyé vos visages et vos mains ? Mes chers petits, du chanvre ou de lin. — Le chanvre et le lin sont semés comme le blé. La fleur du lin est d'un bleu azuré ; dans un champ et, vue à distance, on dirait de l'eau. Le chanvre et le lin de toute antiquité ont été filés, tissés, et ont fait les plus belles toiles du monde, les voiles de navires, le linge de corps, le linge de table, uni ou damassé. Les belles toiles de Bretagne, celles de la Hollande, sont bien recherchées, bien admirées.

Tous les cordages des navires, toutes les cordes, voire mêmes vos cordes à sauter, sont le chanvre travaillé et tordu.

———

DICTÉE LXXIX

Les anciens amis des chérubins.

Vous avez appris l'origine du Savon, quelle est-elle ?

Tous les chérubins répondent : Le savon est composé de la graisse du mouton, unie à la soude ou à la potasse. — Très-bien. — Qui a donné naissance à votre pommade ? — La moelle de bœuf, jointe aux parfums. — Parfait. — De quelles matières sont composées vos brosses à ongles et à dents? — Les manches sont faits des os des ânes, des bœufs, des moutons; les crins sont dus aux soies du porc. — De mieux en mieux; votre mémoire est fidèle et a bien retenu les leçons apprises.

DICTÉE LXXX

La porcelaine.

La cuvette, le pot à l'eau, voici de nouvelles connaissances à faire.

La porcelaine est une terre blanche, appelée kaolin, particulière à certaines contrées, tel que le département de la Haute-Vienne, dont Limoges est le chef-lieu; cette terre est cuite à un feu très-ardent et doit être abritée de la fumée.

Lisez l'histoire de Bernard de Palissy, qui, au seizième siècle, a brûlé jusqu'à sa dernière chaise pour alimenter le feu ardent et faire réussir la cuisson de ses faïences, qui ont immortalisé son nom.

Les vieilles connaissances des chérubins.

D'où sont tirés le calicot, la percale, le nansouk, qui ont fait votre linge? — Tous les chérubins à la fois : « Du coton, qui croît dans les pays chauds : Asie, Afrique, Amérique et Antilles. » Vos pantoufles, si appréciées au saut du lit ; vos bottines, où il a manqué si souvent des boutons, boutons qui ont **fait** le désespoir de vos bonnes, qui les ont cousus et recousus encore? — Les chérubins triomphants : « Les cuirs, nous l'avons appris, sont fournis par la vache, le bœuf, le cheval, le mouton, la chèvre, et le petit chevreau. — Et vos robes de laine, vos manteaux? — « Du mouton si doux, si nécessaire, et si bon à manger. » — Bravo! Bravo, mes petits! vous voici savants comme des livres!!

DICTÉE LXXXI

LES SEIGNEURS DE LA COUR DE LA REINE GRAMMAIRE EN RÉUNION.

Le premier Déjeuner.

A table; la soupe au lait n'a jamais attendu personne! Une seconde de retard et elle s'emporte, s'enlève, se sauve!!

Qui a donné le lait ? — Les chérubins en riant : — « Les bonnes vaches nourricières, qui se sont laissé traire! »

On m'a raconté que les chemins de fer, depuis plusieurs années, ont apporté le lait de la Normandie et de la Bretagne à la bonne ville de Paris, et les boîtes de lait marquées, scellées avec plomb attaché, ont **pris**, s'il vous plaît, la grande vitesse, l'express, tout comme des richardes qu'elles sont...

Ah! Il ne faut plus que Paris soit assiégé, car alors les bébés seraient privés de leur nourriture qui est envoyée de si loin.

8

DICTÉE LXXXII

Le café.

Les papas et les mamans ont ajouté à leur lait du café ; où crois-tu, café ? Qui es-tu ? Je suis né en Arabie, répond le Café, et c'est un petit pâtre qui a vu ses chèvres sauter, danser, caracoler, après avoir brouté mon feuillage, qui a dit cet effet étrange à un prêtre de Mahomet ; ce prêtre, qui souvent s'était endormi pendant les longues heures de la méditation, m'a **fait** infuser, m'a goûté, m'a dégusté, et s'est aperçu que je tenais l'esprit éveillé, que ses forces étaient doublées ; que j'étais un tonique, une liqueur stomachique, et que j'exhalais un parfum aussi délicieux que celui des fleurs ! !

Alors un édit fut lancé, publié dans toute l'Arabie, où était écrite cette sentence : Celui qui donnera un plant de café sera puni de mort ; et je devins la richesse, le trésor de toute l'Arabie.

*

Déclieux.

Un Français, Déclieux, à force d'adresse, de persévérance, d'or peut-être, ravit à l'Arabie un plant de café, l'emporta dans son chapeau, et fit voile pour la Martinique...

Quelle proie ! quelle richesse ! quelles espérances !

Mais voici que l'eau vint à manquer à bord pendant le voyage, la ration de chaque jour fut diminuée de moitié aux passagers ; Déclieux eut soif, très-soif, car son arbuste eut la ration d'eau tout entière ; l'homme souffrit mille douleurs, mais l'arbuste arriva frais, sain et sauf à la Martinique.

Là, le café fut planté ; il a crû, s'est propagé, a couvert le pays tout entier, a été porté dans toutes les Antilles, dans toutes les contrées exposées aux rayons brûlants des tropiques. C'est le café venu de 2000 lieues de nous ; vendu, acheté, brûlé, moulu, réduit en poudre, infusé, qui, mêlé au lait, fait le premier déjeuner du matin, le déjeuner favori de toute la France.

DICTÉE LXXXIII

Le sucre.

Le café a un ami inséparable, un ami doux et bon, qui a toujours mitigé la petite amertume du café, qui l'a complété : c'est le sucre... Qu'est-ce que le sucre ? Encore un bienfait de Dieu, comme tous les trésors qu'il a prodigués à la créature !!!

Dieu a donné la canne à sucre aux Antilles, ces îles entre les deux grands continents de l'Amérique.

La canne à sucre.

La canne à sucre est un bienfait hors ligne pour les colonies. Tout est utilisé dans ce précieux roseau : il renferme une eau sucrée qui, bouillie dans les chaudières, devient le sucre bis, la cassonnade. La cassonnade dans nos raffineries est clarifiée, grâce au sang du cheval et aux os des animaux qui, réduits en charbon, forment le noir animal.

Il faut visiter une raffinerie : du sirop vous sera offert ; vous ne le détestez pas ; et le sucre clarifié sera en pains alignés habillés de beau papier bleu. Il ne vous semblera pas désagréable d'en croquer un petit échantillon.

La betterave.

Mais voici qu'il y a quatre-vingts ans à peu près, un homme en voyant ses vaches, ses bœufs manger des betteraves avec délices, s'est dit : Ce doit être bon! et il a goûté les betteraves, en a mangé, les a trouvées sucrées et a eu l'idée qu'il a exécutée, d'en extraire le sucre.

*

La guerre d'Amérique nous avait privés de sucre, l'heure de la betterave était venue. Napoléon I⁰ʳ l'a prise sous sa haute et impériale protection. Des terrains ont été concédés, exempts d'impôts pendant un laps d'années, et la betterave, soignée, cultivée, fumée, s'est métamorphosée en sucre, a rivalisé avec la canne des colonies, en a fait baisser le prix, et est peut-être le morceau de sucre qui a sucré, ce matin, le café de votre papa.

DICTÉE LXXXIV

Le pain.

Mais, non contents de votre soupe, mes chérubins,

vous voilà armés d'une tartine de pain beurré. Qui a fait le beurre? « Le lait de la vache, » disent en chœur les petits. — Parfait. — Mais le pain... Ah! le pain, mes enfants, c'est le petit grain de blé sec de la récolte précédente, qui, confié à la terre, a crû, a poussé, s'est multiplié, a donné cent pour un.

C'est le blé moulu au moulin, devenu farine; c'est la farine mouillée, battue, cuite au four, qui soit le pain, nourriture du riche, nourriture du pauvre; et que toute bonne âme ne doit jamais refuser au malheureux qui lui dit : J'ai faim!!!

DICTÉE LXXXV

RÉUNION DES SEIGNEURS DE LA COUR DE LA REINE GRAMMAIRE.

Les arbres. — Le noyer.

Remets ta chaise à sa place; ta chaise qu'est-elle? bois et paille.

Le bois qui a fait la majeure partie des chaises est le noyer et le merisier. Quel bon arbre que le noyer! en automne, il a ses noix gaulées, des noix qui sont mangées en cerneaux, mûres à peine, puis des noix fraîches dont le brou s'est fendu, détaché, puis les noix séchées avec la peau, et qui font trouver le pain, la mie surtout, si bonne. Le noyer abattu, travaillé, est vendu un bon prix; dépecé, taillé, il est converti en meubles, lits, armoires, commodes, buffets, chaises. C'est le bois des campagnes et des fortunes modestes.

Le chêne, roi des arbres.

Le chêne sculpté, travaillé, tourné, presque ciselé, est consacré aux meubles des salles à manger, aux bureaux, aux parquets lisses, cirés, brillants, où vous êtes tombés bien souvent étant tout petits ; le chêne est le bois des vaisseaux, des églises, des grandes charpentes, il est essentiellement français. Le chêne a fait de toute antiquité les soubassements des vases, des coupes, des porcelaines, des cristaux.

La feuille du chêne a été choisie pour faire la couronne des héros, des guerriers et des lauréats de toutes les écoles. Heureux ! heureux ! celui ou celle qui offre une couronne à ses parents le jour de la distribution des prix.

DICTEE LXXXVI

La paille.

D'où viens-tu, paille fraîche, lisse et blanche ? Quelles belles bulles d'eau de savon tu as fait faire aux enfants avec ton gentil chalumeau !

La paille, c'est la tige du blé. Il serait honteux d'en ignorer l'utilité : le cheval s'en est toujours nourri, ainsi que du foin et de l'avoine ; la paille fait la litière des écuries, des étables, et, en quinze jours, est transformée en un fumier qui, mêlé à la terre, l'a réchauffée et l'a rendue productive...

Vos chapeaux d'été, qui vous ont rendues si joyeuses, c'est la paille tressée, cousue. Les pailles d'Italie ont, depuis des siècles, tenu le premier rang comme beauté. La paille a servi longtemps à la couverture des chaumières ; mais on y a renoncé, car vous avez déjà compris qu'un brin de paille enflammé tombant sur un autre toit de paille communiquait le feu, et on a vu des villages entiers brûler en quelques heures.

L'ardoise grise et la tuile rouge ont remplacé la paille pour les toitures.

DICTÉE LXXXVII

L'ivoire.

Le déjeuner est fini : plie ta serviette, enfant, et mets-la dans ton joli rond d'ivoire, que ta marraine t'a donné le jour de ta fête. Tes initiales y sont incrustées ; donc, ne confonds pas ; prends-le tien. Mes chérubins, c'est ici que vos grands yeux vont être ouverts, grands, grands ! Ce petit rond d'ivoire, comme tous les objets d'ivoire, chapelets, vaisseaux, jeux, boucles, bracelets, broches, couvertures de livres de messe, hochets, jonchets, crochets, tous ces objets ont été tirés des défenses de l'éléphant. L'éléphant ne vit que dans l'Asie, qui n'est pas près d'ici ; voyez sur vos atlas.

L'éléphant.

De nos jours encore, dans le royaume de Siam, l'éléphant blanc est adoré, les rites religieux ont dit que l'âme du chef est passée dans le corps de l'éléphant blanc, et, dans ce royaume, l'éléphant est logé

dans un beau palais, est adoré comme un Dieu, les
esclaves sont prosternés devant lui...

Dans votre histoire sacrée, vous les avez vus partir
à la guerre ces monstrueux éléphants; des tours étaient
construites sur leur dos, et les rois et les princes
étaient ainsi transportés; et ils ont pris part aux com-
bats qui plus est, ces pauvres éléphants. Avez-vous
appris l'histoire d'Eléazar? Si vous n'en êtes pas arrivés là... il faut que cette histoire vous soit racon-
tée. Vous avez vu des éléphants au jardin des plantes,
et vous êtes montés sur celui du jardin d'acclimata-
tion, n'est-ce pas?

L'éléphant ouvrier.

Comme sa trompe lui a bien servi pour prendre les gâteaux que, tremblants, vous lui avez offerts... quelles belles oreilles, n'est-ce pas? quelles
grosses pattes, et quelle petite queue. En Asie ils sont
devenus familiers, et sont bien habiles; les arbres
qu'ils ont déracinés, les charges qu'ils ont portées,
les ont rendus très-utiles. Ils sont réputés vindicatifs;
ne leur faites aucune malice, ils seraient bien capa-
bles de vous enlever dans les airs au bout de leur
trompe toute puissante.

DICTÉE LXXXVIII

RÉUNION DES SEIGNEURS DE LA COUR DE LA REINE
GRAMMAIRE.

La classe, le sapin.

En classe, en classe! il est neuf heures; les leçons
sont-elles sues, les avez-vous lues avec attention? la

recor bien comprise, bien consciencieusement étudiée, c'est le succès assuré. Voici les tables, les bancs de la classe, les pieds sont faits généralement de chêne ; mais les pupitres, qui sont ouverts et fermés dix fois par jour, sont faits en sapin.

Ah ! les sapins ! quelles forêts majestueuses ! les montagnes en sont couvertes en Europe. La France les a vus croître de l'est à l'ouest, du nord au sud ; lorsqu'on les a coupés au faîte de la montagne, ou sur les pentes escarpées, ils sont tenus de descendre tout seuls.

Les sapins. — Mâts.

Les sapins, bois droit, léger, sont destinés à faire les mâts des navires. Avez-vous vu les ports de mer, les docks, avec leurs mille mâts, qui ont l'air de forêts dépouillées de branches et de verdure, c'est admirable... Vous avez regardé bien souvent les échafaudages des constructions où les maçons et les manœuvres vous ont semblé aussi tranquilles et à l'aise que sur la terre ferme ; ce sont les sapins qui ont toujours fait les échafaudages, les caisses, les planches qui sont posées dans les placards.

Les ifs, les cyprès, cousins-germains du sapin, toujours verts comme lui, sont les arbres consacrés aux tombeaux.

Leur éternel feuillage représente l'éternelle douleur.

DICTÉE LXXXIX
L'Encre.

Quoi ! l'encre a été oubliée ! J'en ai acheté hier ;

qu'est devenue la bouteille? l'avez-vous trouvée, je l'ai rangée pour qu'elle ne fût pas cassée. La voici à la place où je l'ai mise, elle n'est pas débouchée, vite le tire-bouchon, que les encriers soient remplis.

Qu'est-ce que c'est, l'encre, mes chéris? l'encre est une composition de sel de vitriol, de gomme, de noix de galle; donc, jamais une plume de fer ne doit être introduite entre les dents, l'acier est l'ennemi juré de l'émail des dents et le vitriol est un poison.

Un encrier hermétiquement fermé conserve l'encre intacte et claire bien longtemps; les taches d'encre sont enlevées à l'aide du vinaigre et du sel d'oseille.

DICTÉE LXXXX

Le caoutchouc

La classe est finie, je ne vous ai pas vues parler, je n'ai pas entendu vos maîtresses gronder; vous n'avez ni ri, ni causé, personne n'a mérité de retenue. En promenade, partez joyeuses! que je vous voie à toutes vos caoutchoucs; le soleil a lui ce matin, mais la terre est encore mouillée de la pluie d'hier; qu'est-ce que le caoutchouc, en avez-vous vu? — « Oui, madame, c'est une plante au grand et luisant feuillage; plante que j'ai admirée souvent dans les salons. » — Oui, le caoutchouc importé, transplanté, privé de son soleil, est en effet une des belles plantes des serres et des appartements; mais, en Amérique, c'est un arbre superbe, grand comme nos chênes...

Utilité du caoutchouc

Le caoutchouc est imperméable. Préparé, travaillé, étendu, il est devenu étoffe, et taillé, découpé, le voilà métamorphosé en carricks de cochers, en tabliers de nourrice, en toiles imperméables, en lits remplis d'eau pour coucher mollement les blessés, en tuyaux acoustiques, en tampons pour les wagons, en fermetures de toute espèce pour intercepter l'eau; et par-dessus le marché, il est le fin lacet qui empêche le vent d'emporter vos chapeaux, et la balle, le ballon retentissants qui, lancés, bondissent et rebondissent par-dessus les maisons.

DICTÉE LXXXXI

RÉUNION DES SEIGNEURS DE LA COUR DE LA REINE GRAMMAIRE.

La baleine.

Nous voilà au beau milieu des champs, quel plaisir! Mais voici des nuages noirs qui se sont amoncelés; enfants, que vos parapluies soient ouverts, j'ai senti quelques gouttes d'eau. Hâtons le pas; quel vent... quel tourbillon... quel orage... sauvons-nous vite... Voici deux ombrelles envolées... Pauvres mignonnes, vous restez ébahies... les voici, laissez-les fermées, serrez-vous près de moi... mon parapluie va vous abriter... Bon... voici les baleines qui se sont retournées; mon parapluie est à l'envers...

*

Quelle drôle de tournure il a... nous avons ri aux larmes, et cependant nous étions mouillées jusques aux os, et nous avions nos chapeaux trempés, et la pluie nous a aveuglées! Que de ruisseaux devenus torrents n'avons-nous pas sautés! Enfin nous sommes arrivées à la maison... était-ce nous? Non, c'étaient des rivières qui ont tout mouillé, tout inondé. Les baleines sont tirées de la baleine, monstre marin, colossal, immense, qui, du bout de sa queue, a fait sombrer plus d'un vaisseau. La prise d'une baleine est un coup de fortune pour l'armateur. Aviez-vous jamais pensé à la baleine, en ouvrant votre parapluie.

DICTÉE LXXXXII

RÉUNION DES SEIGNEURS DE LA COUR DE LA REINE GRAMMAIRE.

Le thé.

Prends cette tasse de thé, enfant, tes joues ont pâli; tu es fatigué.

D'où viennent ces petites feuilles toutes roulées que l'eau bouillante, jetée dessus, a fait ouvrir à l'instant et qui ont un arôme délicieux? Ces feuilles roulées arrivées dans des caisses plombées, sont venues du grand empire de la Chine. Que votre atlas soit ouvert à la carte de l'Asie, et la Chine immense sera connue des chérubins.

La Chine.

Ce grand royaume a des particularités remarquables. Les étrangers n'y sont pas admis; les femmes,

dès leur naissance ont les pieds enfermés dans d'étroi-
tes chaussures destinées à en arrêter la croissance. La
chevelure de tous les Chinois et de toutes les Chinoises
est relevée tout entière sur le front, réunie au milieu
de la nuque, tressée en une seule natte qui tombe
au milieu du dos et sa beauté gît dans sa longueur.
Singulière mode ! Mais quelle mode n'est pas drôle ?
Et les nôtres ?

*

La Chine est connue seulement par deux ou trois
villes principales : Pékin, capitale, entourée d'une
muraille de porcelaine, où six chars pourraient cir-
culer ; Canton, où est fait le commerce et sur une
grande échelle, je vous l'assure ; la Chine a une population innombrable et des richesses inconnues de
nos contrées. Elle a gardé le secret de ses couleurs
splendides, de ses papiers transparents et de ses
soieries inimitables.

D'où vient la soie ? Chérubins, vous ne l'avez pas
oublié. — « Du ver à soie. » — Très-bien, très-bien.

*

La Chine.

Les crêpes de Chine, brodés sans envers, sont des
merveilles ; les batistes brodées d'or, les foulards,
les potiches, les coffres, les tables en laque, et l'ivoire
travaillé, découpé, ciselé, devenu dentelle, et les
kiosques, les palais, les habitations, avec leurs clo-
chetons, leurs pointes retournées, ressemblant aux
fuchsias et, enfin, le thé, qui est envoyé par charge de
navires. Le thé, qui a causé la guerre de l'Amérique,
d'où est sortie l'indépendance des États-Unis.

Voici une petite feuille de thé qui a joué un bien grand rôle dans le monde en 1776.

DICTÉE LXXXXIII

Le sel.

Il n'a jamais coûté bien cher, quels que soient les impôts qu'on lui ait **mis**, car la mer l'a prodigué, puisqu'elle l'a recélé dans ses eaux et qu'il y a des marais salants et des mines d'où il est ex**trait** comme les pierres. La nécessité du sel a été bien sen**tie** lors du siége de Metz, où nos malheureux soldats et toute la population de la ville en ont été pri**vés**.

*

La viande fraîche non sa**lée** se gâte, aussi la grande mission du sel a été de la conserver ; et qu'il a bien rempli cette mission !... N'a-t-il pas assu**ré** par les viandes sa**lées** la subsistance des vaisseaux qui ont fran**chi** les mers ? N'a-t-il pas conser**vé** succulents, frais, délicieux, le beurre, les jambons, le porc, le bœuf, le lard, les saucissons et la morue, les harengs, le thon, le saumon ? Savez-vous qu'il y a des populations tout entières qui n'ont pas d'autre nourriture que le poisson...

*

Voyez où est pla**cée** l'Islande ; l'Islande qui a réchauf**fé** l'hiver vos petits pieds par son édredon ; eh bien, dans cette Islande, on n'a jamais **eu** d'autre nourriture que le poisson, et le sel l'a salé, conservé...

On dit que tous les jours, sur le pas de la porte des maisons, un poisson est posé pour le voyageur qui est pressé par la faim.

DICTÉE LXXXXIV

L'oranger.

L'orange, fruit chéri des pensionnaires, dessert recherché des dîners, rafraîchissement frais et délicieux des malades, a crû en Espagne, en Portugal, à Malte, en Algérie, dans l'Amérique du Sud et dans les Antilles. Ah! les beaux pays que les pays où l'oranger, le citronnier ont poussé et ont répandu leur parfum, ont donné leurs fruits et leurs fleurs... C'est par navires que sont expédiées ces belles pommes d'or; vous les avez vues venir en décembre et elles ont été offertes pour le 1er janvier en compagnie des cadeaux. Beau fruit! que les petites filles t'ont goûté, mangé avec délices. La fleur d'oranger a été consacrée à orner la toilette des mariées; et qu'elle sied bien la couronne de fleurs d'oranger!

DICTÉE LXXXXV

Les abeilles et les enfants.

Soyez laborieux comme les abeilles, ô chérubins. Soyez prévoyants comme elles pour recueillir le miel dans la ruche.

*

Les abeilles dès l'aube du jour ont quitté leurs rayons, et se sont élancées dans les jardins : faites comme elles, que vos lits soient abandonnés de bonne heure, et que les jardins de la science vous voient assidus.

Les abeilles ont pénétré dans le calice des fleurs, en ont extrait le suc, l'ont porté à la ruche et l'y ont conservé.

*

Vous, jeunes abeilles, butinez dans vos livres, ornez votre esprit, élevez vos cœurs, acquérez la science, la science est encore plus douce que le miel.

*

Les jeux vous ont souri, vous ont entraînés, l'étude vous a paru austère, c'est parce qu'elle ne vous est pas connue, et que vous n'avez pas appris encore que l'homme est créé pour le travail.

*

La science, chérubins, a animé la nature, l'a fait parler ; qu'a jamais dit la statue sur son piédestal à celui qui a ignoré son nom et son histoire ? Qu'a représenté une peinture à l'ignorant ? la science a-t-elle jamais révélé ses secrets au paresseux ? L'industrie a-t-elle jamais utilisé l'incapacité ?

*

Jeunes abeilles, travaillez, étudiez pendant votre jeune âge, garnissez de richesses les rayons de votre intelligence, et lorsque vous serez devenus grands, vous aurez comme les abeilles votre ruche remplie de miel et d'un miel qui n'est acheté à aucun prix, et que seul le travail a donné, d'un miel que les hommes ont appelé la science. Travaillez, chérubins, imitez les abeilles et soyez laborieux comme elles.

4-1725. Paris. — Typ. Morris père et fils, rue Amelot, 64.